Libro de actividades de las
doce tribus de Israel

Libro de actividades de las doce tribus de Israel

ISBN: 978-1-989961-77-3

Autora: Pip Reid
Director Creativo: Curtis Reid
Editor: Aileen Nieto

Para obtener más libros de actividades bíblicas e imprimibles, visite nuestro sitio web:

www.biblepathwayadventures.com

◇ **Introducción** ◇

¡Sumérjanse en una aventura que comenzó hace miles de años! Este libro de actividades de Las doce tribus de Israel les lleva en un viaje a través de la historia de las doce tribus de Israel, desde Jacob (también llamado Israel) y sus doce hijos, hasta la entrada de los israelitas en la Tierra Prometida. En el camino, conocerán pastores y gobernantes, atravesarán desiertos y ríos, presenciarán grandes milagros y aprenderán cómo Yah transformó a Su pueblo en una gran nación.

A través de atractivas hojas de trabajo, mapas, páginas para colorear, acertijos y cuestionarios bíblicos, explorarán la vida de las tribus paso a paso. Seguiremos su historia en el orden en que sucedió: comenzando en la tierra de Canaán, viajando a Egipto con José, escapando de la esclavitud bajo el liderazgo de Moisés, recibiendo el pacto en el Monte Sinaí y, finalmente, cruzando el río Jordán con Josué.

Repleto de referencias bíblicas, perspectivas históricas y actividades prácticas, este libro ayudará a sus niños a descubrir el papel único que cada tribu desempeñó en la historia de Israel. Ya sea en casa, en el aula o en un grupo de estudio, adquirirán una comprensión más profunda de la Biblia mientras se divierten aprendiendo. Bible Pathway Adventures® ayuda a los educadores a enseñar a los niños la fe bíblica de forma divertida y atractiva. Lo hacemos a través de nuestros libros de actividades y actividades imprimibles, todos disponibles en nuestro sitio web: www.biblepathwayadventures.com.

¡La búsqueda de la Verdad es más divertida que la Tradición!

◇ Tabla de Contenidos ◇

Introducción 3

Jacob y su familia

Introducción: ¡Tu aventura israelita comienza! 10

Hoja de trabajo: ¿Quién fue Jacob? 11

Escritura creativa: Jacob lucha con Dios 12

Página para colorear: Tu nombre es Israel 13

Sopa de letras de la Biblia: Jacob se convierte en Israel 14

Hoja de trabajo: La familia de Jacob (Israel) 15

Hoja de trabajo: La familia de Jacob 16

El viaje de José

Cuestionario de la Biblia: José, el soñador 18

Página para colorear: Los sueños de José 19

Hoja de trabajo: Los deberes de un pastor 20

Hoja de trabajo del periódico: El Tiempo de Canaán 21

Cuestionario de la Biblia: Vendido como esclavo 22

Página para colorear: En la cisterna 23

Actividad del mapa: Viaje a Egipto 24

Hoja de trabajo: Diseña tu propia moneda de plata 25

Hoja de trabajo: Empareja los personajes 26

Página para colorear: José explica dos sueños (Génesis 40) 27

Hoja de trabajo: Los sueños del faraón 28

Sopa de letras de la Biblia: Los sueños del faraón 29

Palabras desordenadas de la Biblia: José asciende al poder 30

Dibuja y escribe: José almacena comida 31

Hoja de trabajo: Los almacenes del faraón 32

Hoja de trabajo: ¡La búsqueda de grano! 33

Actividad del mapa: Viajes a Egipto 34

Hoja de trabajo: Burros en movimiento 35

Manualidad de la Biblia: ¿Espías en Egipto? 36

Cuestionario de la Biblia: ¿Espías en Egipto? 37

Hoja de trabajo: Una comida especial 38

Hoja de trabajo: José pone a prueba a sus hermanos 39

Hoja de trabajo: ¿Dónde está la copa de José? 40

Actividad de secuenciación de la historia: La copa de plata 41

Hoja de trabajo: El secreto de José 42

Página para colorear: El faraón 43

Hoja de trabajo: ¿José construyó un canal? 44

Crucigrama de la Biblia: Israel se muda a Egipto 45

Hoja de trabajo: La bendición de Jacob 46

Hoja de trabajo: ¡Decodifica los jeroglíficos! 48

Moisés y el éxodo

Hoja de trabajo: Esclavitud en el antiguo Egipto..50

Hoja de trabajo: ¿Hebreos esclavos en Egipto? 51

Hoja de trabajo: Salvando al bebé Moisés 52

Hoja de trabajo: El viaje de Moisés a Madián 53

Cuestionario de la Biblia: Moisés en Madián 54

Hoja de trabajo: Señales en el monte Horeb 55

Palabras desordenadas de la Biblia: Faraón 56

Hoja de trabajo: ¡Deja ir a Mi pueblo! 57

Hoja de trabajo: Reto de las diez plagas 58

Hoja de trabajo: Diez plagas, diez dioses falsos 59

Hoja de trabajo: La primera Pascua 60

Escritura creativa: La primera Pascua 61

Aprendamos hebreo: Matzah 62

Sopa de letras de la Biblia: Fiesta de los Panes sin Levadura 64

Hoja de trabajo: Fiesta de los Panes sin Levadura 65

Página para colorear: Éxodo 13:21 66

Cuestionario de la Biblia: El mar Rojo 67

Hoja de trabajo: ¿Descubrimiento del mar Rojo? 68

Hoja de trabajo: La canción de Moisés 69

Acertijo de la Biblia: ¡Dios provee! 70

Actividad de secuenciación de la historia: Milagros en Refidim 71

Hoja de trabajo: El sabio consejo de Jetro 72

Monte Sinaí y el pacto

Aprendamos hebreo: Shofar 74

Página para colorear: Israel en el monte Sinaí 76

Hoja de trabajo: Los diez mandamientos 77

Sopa de letras de la Biblia: Los diez mandamientos 78

Hoja de trabajo: El campamento de Israel 79

Hoja de trabajo: Las doce tribus de Israel 80

Hoja de trabajo: Las doce tribus de Israel 82

Hoja de trabajo: Ordena las doce tribus...83

Hoja de trabajo: Las doce tribus de Israel 84

El tabernáculo y el desierto

Crucigrama de la Biblia: El becerro de oro 86

Hoja de trabajo: Esperando por Moisés 87

Hojas de trabajo: ¿Dónde está el monte Sinaí? 88

Hoja de trabajo: Descubriendo el alfabeto paleohebreo 90

Hoja de trabajo: ¿Por qué usar tzitzit? 91

Página para colorear: El Sabbat 92

Sopa de letras de la Biblia: El Sabbat 93

Hoja de trabajo: ¿Qué son los Altos Sabbats? 94

Hoja de trabajo: ¡Empareja las fiestas! 95

Cuestionario de la Biblia: Los Tiempos Designados de la Biblia 96

Acertijo de la Biblia: ¿Cuándo comienza Sukkot? 97

Cuestionario de la Biblia: Construyendo el tabernáculo 98

Hoja de trabajo: Regalos para el tabernáculo 99

Manualidad de la Biblia: El tabernáculo 100

Hoja de trabajo: El tabernáculo 101

Hoja de trabajo: Ofrendas del Tabernáculo 102

Hoja de trabajo: Ofrendas tribales 103

Hoja de trabajo: Empareja el líder 104

Hoja de trabajo: Lugar Santísimo 105

Hoja de trabajo: El arca de la alianza 106

Página para colorear: ¿Quién llevó el arca? 107

Palabras desordenadas de la Biblia: Aarón (el sumo sacerdote) 108

Hoja de trabajo: El pectoral del sumo sacerdote 109

Hoja de trabajo: Azul de Prusia 110

Hoja de trabajo: Espías en Canaán 111

Hoja de trabajo: Gigantes en la tierra 112

Crucigrama de la Biblia: Coré se rebela 113

Hoja de trabajo: Los israelitas que se quejan 114

Cuestionario de la Biblia: La vara de Aarón florece 115

Hoja de trabajo: La casa de Leví 116

Hoja de trabajo: ¿Quién fue Balaam? 117

Hoja de trabajo: Infidelidad espiritual 118

Hoja de trabajo: ¿Lo sabías? 119

Hoja de trabajo: Un líder fiel 120

Josué y la tierra prometida

Hoja de trabajo: Rahab esconde a los espías 122

Hoja de trabajo: El río Jordán 123

Aprendamos hebreo: Pesach 124

Acertijo de la Biblia: Israel cruza el Jordán 126

Página para colorear: Sé fuerte y valiente 127

Hoja de trabajo: Instrucciones para la batalla 128

Hoja de trabajo: El plan de batalla de Dios para Jericó 129

Hoja de trabajo: La batalla de Jericó 130

Actividad de secuenciación de la historia: La batalla de Jericó 131

Hoja de trabajo: La batalla de Hai 132

Hoja de trabajo: Josué lee el pacto 133

Hojas de trabajo: Los gabaonitas engañan a los israelitas 134

Sopa de letras la Biblia: El sol se paró en medio del cielo 135

Cuestionario de la Biblia: Ciudades de refugio 136

Actividad del mapa: Ciudades de refugio 137

Hoja de trabajo: Herencia tribal 138

Hoja de trabajo: Altar del testimonio 139

Actividad del mapa: La tierra prometida 140

Página para colorear: Josué 24:15 141

Hojas de trabajo de las doce tribus de Israel

Tribu de Rubén 144

Tribu de Simeón 146

Tribu de Judá 148

Tribu de Dan 150

Tribu de Neftalí 152

Tribu de Gad 154

Tribu de Aser 156

Tribu de Isacar 158

Tribu de Zabulón 160

Tribu de Benjamín 162

Tribu de Efraín 164

Tribu de Manasés 166

Tribu de Leví 168

Manualidades y Proyectos

Manualidad de la Biblia: Las diez plagas de Egipto 171

Guía de respuestas...175

¡Descubra más libros de actividades!...188

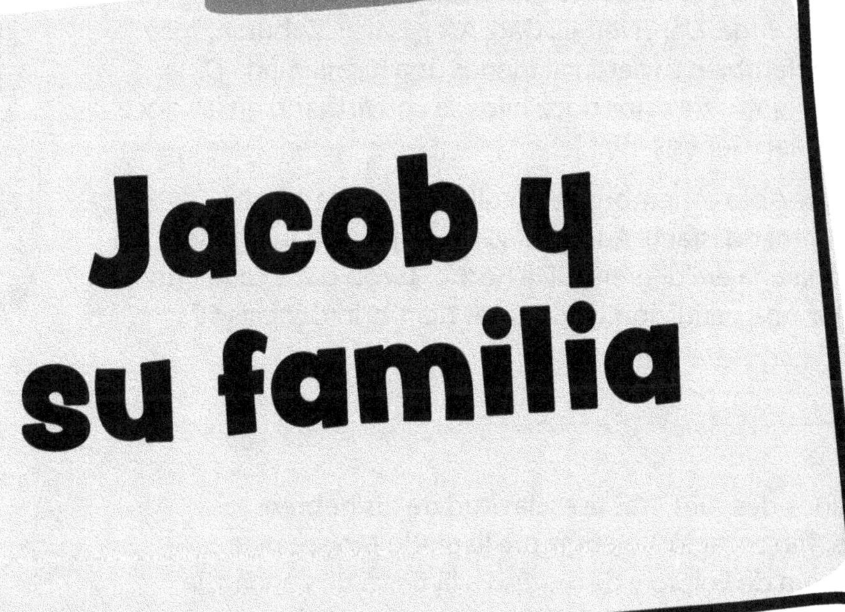
Jacob y
su familia

¡TU AVENTURA ISRAELITA COMIENZA!

Paso 1:

Hace mucho tiempo, en la tierra de Canaán, vivía un líder hebreo llamado Jacob. Tenía dos esposas, Lea y Raquel, y dos concubinas, Bilha y Zilpa. Juntos tuvieron doce hijos: Rubén, Simeón, Leví, Judá, Dan, Neftalí, Gad, Aser, Isacar, Zabulón, José y Benjamín. También tuvieron al menos una hija llamada Dina. Los descendientes de estos doce hijos se convirtieron en las doce tribus de Israel (Génesis 49).

Cada tribu recibió el nombre de un hijo o nieto de Jacob (también llamado Israel). Aunque las tribus formaban una sola nación, cada una era diferente. De hecho, Jacob dio a cada uno de sus hijos una bendición única antes de morir (Génesis 49).

Paso 2:

Muchos años después, tras la esclavitud de los hebreos en Egipto, Yah escogió a un hombre llamado Moisés para guiarlos fuera de Egipto y de regreso a la tierra de Canaán, la tierra prometida. En su viaje, los hebreos se convirtieron en la gran nación de Israel. Y juntos vivieron muchas aventuras.

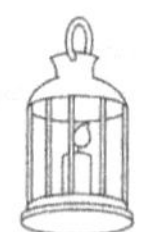

¿Lo sabías?

Yah cambió el nombre de Jacob a Israel después de que este luchara con un ángel de Dios (Génesis 32:28). Israel significa "luchar con Yah y los hombres, y vencer".

¿Quién fue Jacob?

Lee Génesis 25:19-33:20 y 35:1-29. Completa la siguiente hoja de trabajo.

Isaac envió a Jacob a Padan-aram para:

....

Describe el sueño de Jacob:

....

Jacob trabajó para:

....

Jacob tuvo 12 .... llamados ....

....

....

Jacob es más famoso por:

....

....

Cinco palabras que describen a Jacob:

1. ....

2. ....

3. ....

4. ....

5. ....

Lee Génesis 32:22-32. Cuenta con tus propias palabras la historia de Jacob luchando con el desconocido.

"No se dirá más tu nombre Jacob, sino Israel".

(Génesis 32:28)

Jacob se convierte EN ISRAEL

Lee Génesis 32:22-32.
Encuentra y encierra en un círculo las siguientes palabras.

D	E	G	T	O	C	Q	N	D	I	O	S	F	E	V
D	M	N	U	U	I	A	T	A	O	B	M	G	N	Z
J	Z	F	N	A	Q	R	Z	E	U	J	I	Y	C	J
N	E	I	E	A	V	G	K	L	U	D	O	F	A	A
L	D	S	P	R	E	V	A	L	E	C	E	R	J	C
Z	U	Z	F	S	G	E	T	I	D	F	S	C	E	O
M	S	C	N	R	S	O	M	X	K	M	T	O	D	B
X	T	N	H	O	O	F	A	W	X	P	A	J	E	M
P	O	G	O	A	M	Z	I	A	U	U	W	E	L	Z
B	E	C	V	K	V	B	A	B	Z	A	Y	A	M	C
U	S	H	W	Q	X	N	R	R	V	L	H	R	U	M
G	U	T	Q	V	K	E	O	E	S	J	U	V	S	Q
S	Z	B	H	O	M	B	R	E	S	E	N	Q	L	Z
P	E	N	I	E	L	K	U	B	U	Y	A	K	O	S
J	A	B	O	C	N	X	I	S	R	A	E	L	I	B

LUCHA

JACOB

ENCAJE DEL MUSLO

PREVALECER

NOMBRE

COJEAR

JABOC

HOMBRES

PENIEL

ISRAEL

DIOS

ESFORZARSE

La familia de JACOB

Jacob tuvo dos esposas, Lea y Raquel, y dos concubinas, Bilha y Zilpa. Juntos, tuvieron doce hijos. Lee Génesis 29-30, 35 y escribe los nombres de sus hijos en la columna correcta.

LEA	RAQUEL	ZILPA	BILHA

LA FAMILIA DE JACOB

Lee Génesis 29-30 y 35:16-18. Escribe el nombre de un hijo debajo de cada retrato y luego responde las preguntas.

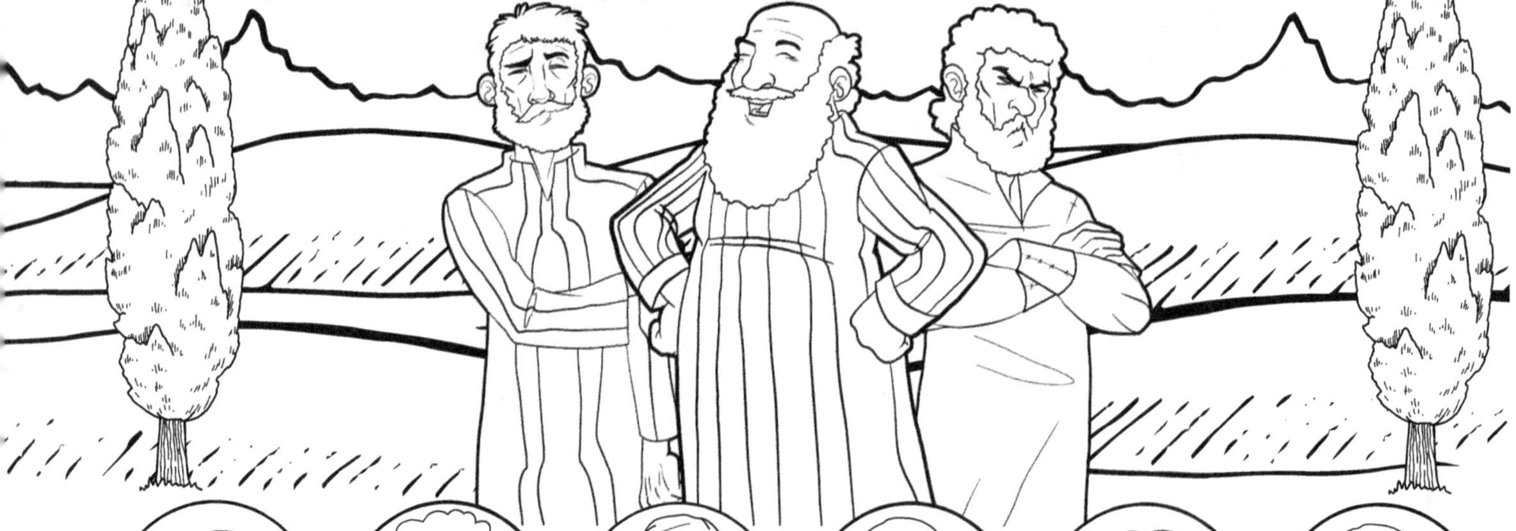

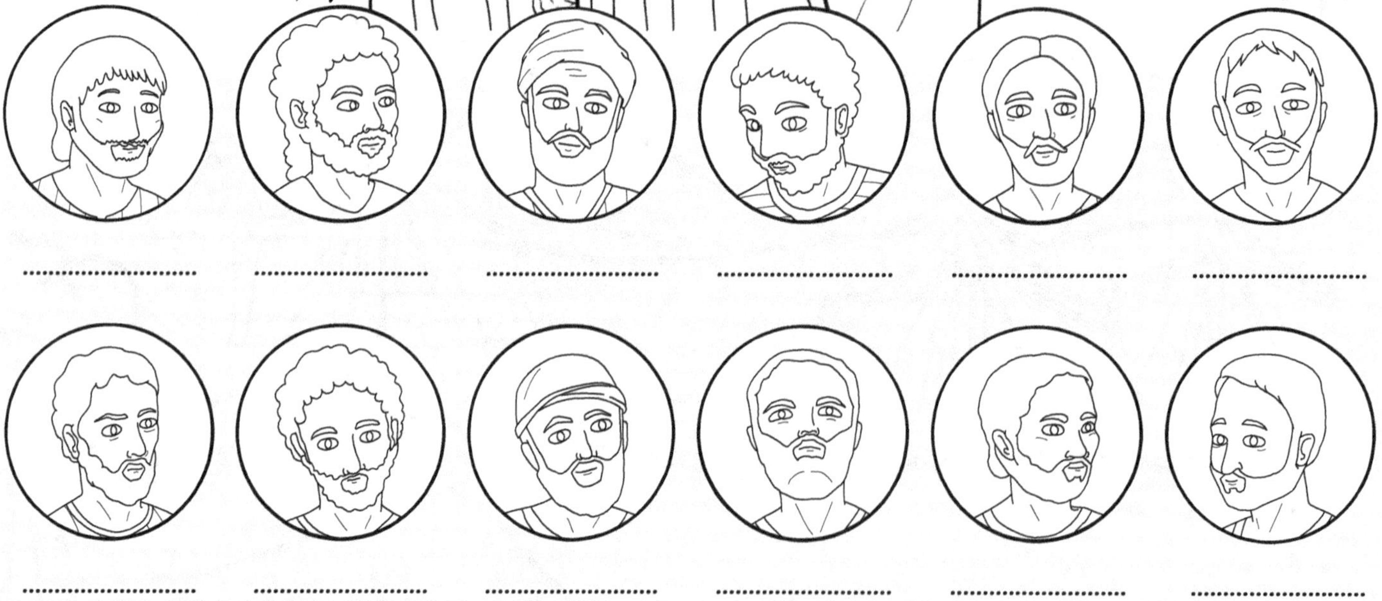

Preguntas para conversar:

1. ¿Por qué crees que Jacob tenía una familia tan numerosa?

2. ¿Qué desafíos crees que enfrentó su familia?

3. ¿Por qué es importante la familia de Jacob en la Biblia?

El viaje
de José

José, el SOÑADOR

Lee Génesis 37:1-11. Responde las siguientes preguntas.

1. ¿Dónde vivía Jacob (Israel)?

2. ¿Qué edad tenía José cuando pastoreaba el rebaño con sus hermanos?

3. ¿Quiénes eran los hijos con los que José pastoreaba el rebaño?

4. ¿Por qué Israel (Jacob) amaba a José más que a sus otros hijos?

5. ¿Qué regalo especial le dio Jacob a José?

6. ¿Cómo se sintieron los hermanos de José al ver que su padre lo amaba más?

7. ¿Qué vio José en su primer sueño?

8. ¿Cómo reaccionaron los hermanos de José ante su primer sueño?

9. ¿Qué vio José en su segundo sueño?

10. ¿Cómo reaccionó Jacob cuando José le contó el segundo sueño?

"He aquí que he soñado otro sueño, y he aquí que el sol y la luna y once estrellas se inclinaban a mí".

(Génesis 37:9)

Los deberes de un pastor

En la época de los patriarcas (Abraham, Isaac y Jacob), era común cuidar animales como ovejas y cabras. Las ovejas se utilizaban por su leche, carne y lana, y ser pastor se consideraba un trabajo importante. Los hijos de Isaac y Jacob fueron pastores (Génesis 30:29; 37:12). Pero la vida de un pastor no era fácil.

Los pastores pasaban la mayor parte del tiempo al aire libre con sus animales, sin importar el clima. Para proteger sus rebaños de animales salvajes y ladrones, solían dormir cerca. En primavera, las ovejas se quedaban cerca del pueblo o campamento para comer pasto. Después de que los agricultores cosechaban el grano, los pastores dejaban que sus rebaños comieran las plantas sobrantes. Cuando se acababa ese alimento, llevaban a los animales a pastar al aire libre.

Por la noche, los pastores llevaban a sus ovejas a los rediles, lugares seguros hechos con muros de piedra o parajes naturales como cuevas. Cada noche, contaban con una vara los animales al entrar y por la mañana al salir a los campos. ¡Algunos rebaños contaban hasta mil ovejas y cabras! Más tarde, cuando los hijos de Jacob se mudaron a Egipto, encontraron un estilo de vida diferente. Los egipcios eran agricultores y no les gustaban los pastores. Pensaban que las ovejas arruinaban sus cosechas y no servían para alimentarse ni para los sacrificios.

1. ¿Por qué ser pastor se consideraba un trabajo importante en tiempos bíblicos?

   ....

   ....

2. ¿Cómo protegían los pastores a sus rebaños del peligro nocturno?

   ....

   ....

3. ¿Por qué los egipcios detestaban a los pastores y las ovejas?

   ....

Libro del Génesis

La Crónica de Canaán

GÉNESIS 37   TIERRA DE CANAÁN   UNA PUBLICACIÓN DE HISTORIA DE LA BIBLIA

Los pastores se portan mal

¡Pelea familiar!

Lobos vistos cerca del campamento

Vendido como ESCLAVO

Lee Génesis 37:12-24. Responde las siguientes preguntas.

1. ¿A dónde fueron los hermanos de José a cuidar las ovejas de su padre?

2. ¿Quién envió a José a ver cómo estaban sus hermanos?

3. Cuando José llegó a Siquem, ¿a dónde se enteró de que sus hermanos se habían ido?

4. ¿Qué planearon hacer los hermanos de José cuando lo vieron llegar de lejos?

5. ¿Cuál de los hermanos sugirió que arrojaran a José a una cisterna (foso) en lugar de matarlo?

6. ¿Qué le quitaron los hermanos a José antes de arrojarlo a la cisterna?

7. ¿Estaba llena de agua la cisterna donde arrojaron a José?

8. ¿Qué decidieron hacer los hermanos con José en lugar de matarlo?

9. ¿Cuánta plata recibieron los hermanos por vender a José?

10. ¿Quién compró a José a los comerciantes cuando llegaron a Egipto?

Bible Pathway Adventures

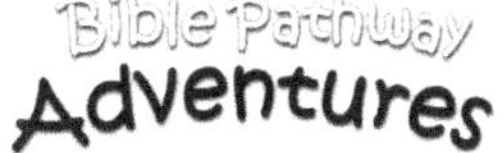

"...y le tomaron y le echaron en la cisterna".

(Génesis 37:24)

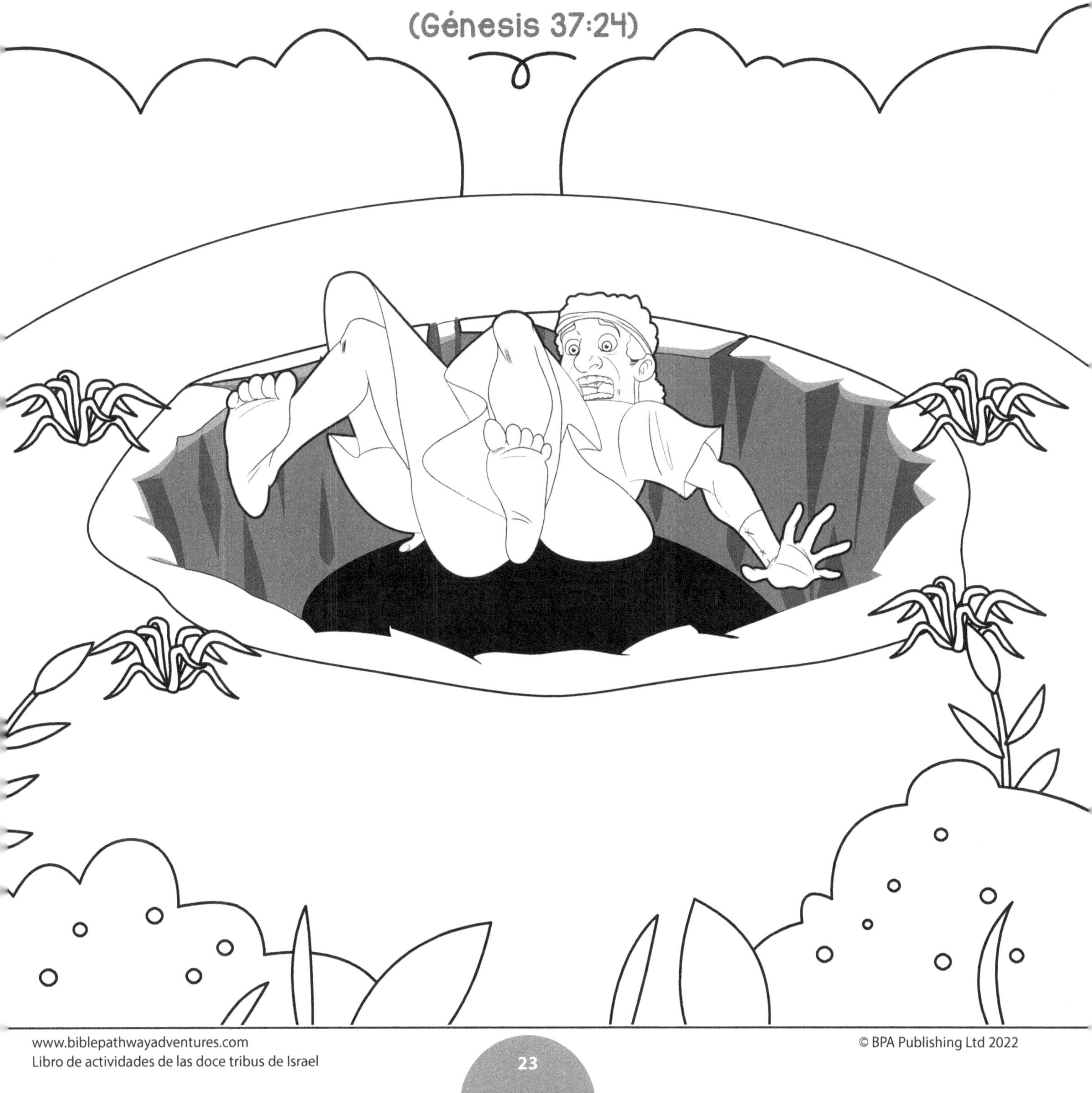

Viaje a Egipto

Los hermanos de José lo vendieron como esclavo (Génesis 37:28). Une los puntos para trazar el viaje de José desde Canaán hasta Egipto. Luego, imagina que eres José. Escribe una carta a tu padre, Jacob (Israel), explicándole lo que sucedió en el viaje.

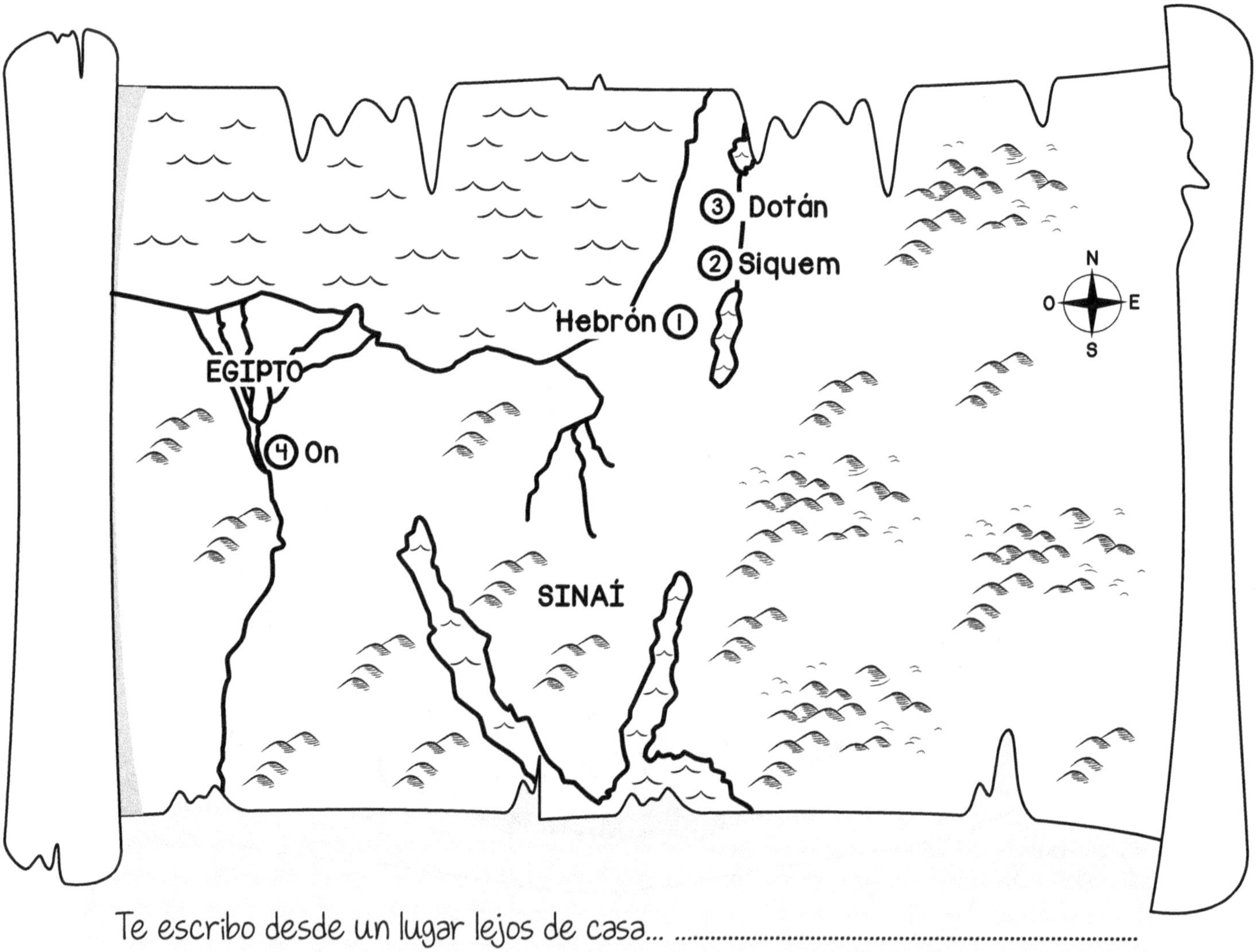

Te escribo desde un lugar lejos de casa... ....

....

....

....

Diseña tu propia moneda de plata

La plata se usaba a menudo como dinero en el antiguo Oriente Medio. Las primeras monedas se acuñaron en Lidia. Estas se fabricaban con una mezcla de oro y plata llamada electro. El gobierno sellaba las monedas para demostrar su autenticidad y marcar su valor. Posteriormente, la gente de Oriente Medio y Asia utilizaba monedas de plata para comerciar y comprar. En la Biblia, los comerciantes madianitas compraron a José por 20 monedas de plata (Génesis 37:28). Lo llevaron a Egipto y lo vendieron como esclavo a Potifar, uno de los funcionarios del faraón.

Diseña ambas caras de tu moneda en los espacios de abajo. ¡Usa tu imaginación!

¡Colorea al comerciante!

Empareja los personajes

A continuación se describen acciones de la historia de José trabajando para Potifar. Lee atentamente Génesis 39:1-23. Luego, traza una línea para relacionar cada descripción con el personaje bíblico correcto: José, Potifar o la esposa de Potifar.

Confió en José y lo nombró mayordomo de su casa.

Huyó cuando sintió la tentación de hacer algo malo.

Notó que José era guapo.

Tuvo éxito en todo lo que hizo porque Dios estaba con él.

Se enojó cuando creyó una mentira y metió a alguien en la cárcel.

Dijo una mentira que metió a alguien en problemas.

Bendito por Dios por la presencia de José.

Fue puesto a cargo de todo, tanto en la casa como en el campo.

¿Por qué es importante decir la verdad y cómo demostró José integridad?

"Entonces les dijo José: '¿No son de Dios las interpretaciones? Contádmelo ahora'".

(Génesis 40:8)

Los sueños del faraón

El faraón, rey de Egipto, tuvo dos sueños que no entendió. Llamó a José para que le ayudara a explicárselos. Lee Génesis 41:1–36 y escribe los dos sueños del faraón a continuación.

Responde las siguientes preguntas.

¿Quién no pudo explicar el significado de los sueños del faraón?

¿Quién le habló al faraón de José?

¿Qué le dijo José al faraón que hiciera?

Los sueños del FARAÓN

Lee Génesis 41:1-52.
Encuentra y encierra en un círculo las siguientes palabras.

F	N	I	N	X	L	S	G	Y	Q	Z	U	O	S	H
R	A	Q	P	S	I	P	N	B	Y	U	F	R	S	A
R	S	R	S	X	A	R	J	G	T	E	V	I	J	M
O	L	U	A	A	J	F	P	R	C	K	U	L	O	B
L	A	H	F	Ó	B	Z	D	A	V	R	A	L	S	R
J	H	L	H	I	N	I	Z	N	S	S	P	A	É	E
Q	D	F	L	E	C	E	O	O	H	I	T	D	V	D
B	J	I	Y	T	A	I	F	S	B	E	D	E	H	Z
E	N	L	L	L	Z	S	E	E	C	T	D	L	I	F
G	L	H	A	M	B	R	U	N	A	E	H	R	A	E
I	B	X	L	E	Y	Z	U	B	T	H	P	Í	P	T
P	Z	C	E	B	E	D	Q	B	A	E	B	O	G	N
T	J	R	L	A	C	L	H	P	F	Q	G	P	S	R
O	G	G	Y	F	E	S	S	T	S	U	E	Ñ	O	L
N	A	U	T	O	R	I	D	A	D	M	R	H	H	O

GRANO

EGIPTO

SIETE

ORILLA DEL RÍO

FARAÓN

AUTORIDAD

JOSÉ

HAMBRE

SUEÑO

SUFICIENTE

HAMBRUNA

SABIOS

Gracias a que José ayudó al faraón a comprender sus dos sueños, ascendió al poder en Egipto. Descifra las palabras para saber cómo el faraón recompensó a José.

aionll ed seoll	....	epasso	....
nloi fion	....	vsesotdi	....
aecnad ed roo	....	mmorioatni	....
rroac	....	Eigopt	....

✳ Lee la historia del ascenso de José al poder en Génesis 41:37-45 (RV1960).

Dibuja y escribe
José almacena comida

Durante siete años, José se preparó para la hambruna. Recolectó alimentos durante los años de abundancia y los almacenó en ciudades de todo Egipto. José se aseguró de que hubiera suficiente grano para alimentar al pueblo cuando llegara la hambruna. Lee Génesis 41:1-57 y responde las siguientes preguntas.

1 ¿Por qué se preparó José para la hambruna?

....

....

2 ¿Cómo organizó José el almacenamiento del grano para protegerlo?

....

....

3 Tras el inicio de la hambruna, ¿qué hizo José por los egipcios y los extranjeros?

....

....

Los almacenes del faraón

Durante los años de abundancia, los egipcios estaban obligados
a donar 1/5 de su grano a los almacenes del faraón.

"Haga esto Faraón, y ponga gobernadores sobre el país, y quinte la tierra de Egipto en los siete años de la abundancia. Y junten toda la provisión de estos buenos años que vienen, y recojan el trigo bajo la mano de Faraón para mantenimiento de las ciudades; y guárdenlo" (Génesis 41:34-35).

¿Por qué crees que el faraón hizo esto?

Resuelve las ecuaciones:

1/5 de 20 =

1/5 de 50 =

1/5 de 140 =

1/5 de 265 =

1/5 de 360 =

1/5 de 700 =

1/5 de 1650 =

1/5 de 2000 =

¡La búsqueda de grano!

Lee Génesis 42:1-11 (RV1960). Usando las siguientes palabras,
rellena los espacios en blanco para completar el pasaje bíblico.

JACOB	HERMANOS	SUEÑOR	CANAÁN	SEÑOR	VÍVERES
EGIPTO	JOSÉ	HAMBRE	SIERVOS	BENJAMÍN	ESPÍAS

" Viendo .... que en Egipto había alimentos, dijo a sus hijos: "¿Por qué os estáis mirando?". Y dijo: "He aquí, yo he oído que hay .... en Egipto; descended allá, y comprad de allí para nosotros, para que podamos vivir, y no muramos". Y descendieron los diez hermanos de José a comprar trigo en .... Mas Jacob no envió a ...., hermano de José, con sus hermanos; porque dijo: "No sea que le acontezca algún desastre". Vinieron los hijos de Israel a comprar entre los que venían; porque había .... en la tierra de .... Y José era el .... de la tierra, quien le vendía a todo el pueblo de la tierra; y llegaron los hermanos de José, y se inclinaron a él rostro a tierra. Y José, cuando vio a sus ...., los conoció; mas hizo como que no los conocía, y les habló ásperamente, y les dijo: "¿De dónde habéis venido?". Ellos respondieron: "De la tierra de Canaán, para comprar alimentos". José, pues, conoció a sus hermanos; pero ellos no le conocieron. Entonces se acordó .... de los .... que había tenido acerca de ellos, y les dijo: "......................... sois; por ver lo descubierto del país habéis venido". Ellos le respondieron: "No, señor nuestro, sino que tus siervos han venido a comprar alimentos. Todos nosotros somos hijos de un varón; somos hombres honrados; tus .... nunca fueron espías". "

Viajes a Egipto

Había hambruna en la tierra de Canaán, así que los hermanos de José fueron a Egipto a comprar grano (Génesis 42:1-5). En el mapa de abajo, identifica Egipto, Canaán y Mesopotamia. Luego, dibuja flechas para mostrar cómo la gente de diferentes lugares viajó a Egipto para comprar alimento durante la hambruna.

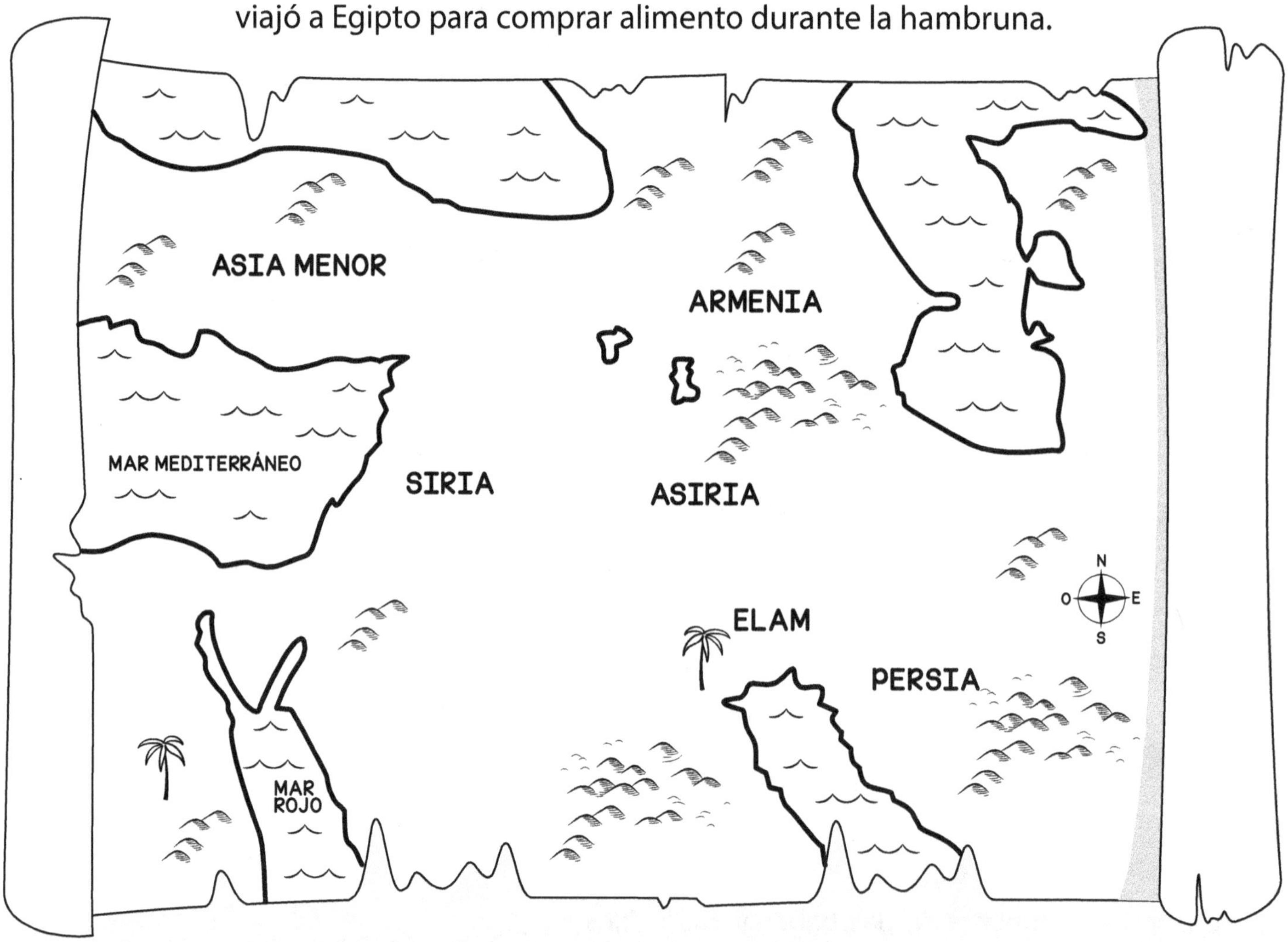

¿Cómo crees que la gente viajaba a Egipto para comprar comida durante el tiempo de José?

BURROS EN MOVIMIENTO

Los burros (referidos como asnos en algunas versiones de la Biblia) eran comunes en los tiempos bíblicos. Israelitas de todos los ámbitos de la vida poseían y montaban burros, incluyendo a Abraham, Balaam, la familia del rey David (Génesis 22:3; Números 22:21; Éxodo 4:20; 2 Samuel 16:2) e incluso Yeshua (Marcos 11). Cuando los hijos de Jacob fueron a Egipto a comprar comida, trajeron grano a Canaán en burros (Génesis 42:26). Más tarde, José envió a su padre diez burros cargados con los mejores productos de Egipto y diez burras que llevaban grano, pan y otros suministros para el viaje (Génesis 45:23).

¿Por qué los hebreos amaban a los burros? Los burros eran conocidos por su fuerza, inteligencia y lealtad a sus dueños (Génesis 49:14; Números 22:30). Eran animales de trabajo que transportaban cargas pesadas y ayudaban a labrar la tierra (Génesis 42:26; Isaías 30:24). Los burros también ayudaban a cuidar el ganado, las ovejas y las cabras.

Responde las siguientes preguntas.

1. ¿Quiénes eran algunos de los israelitas de la Biblia que poseían o montaban burros?

....

....

2. ¿Qué le envió José a su padre usando burros?

....

....

3. ¿Por qué crees que los burros eran tan importantes para los hebreos?

....

....

¿Espías en Egipto?

José acusó a sus hermanos de ser espías (Génesis 42:1-34). Un espía es alguien que recopila y reporta en secreto información sobre personas y actividades. ¿Qué opinas? ¿Eran Rubén y sus hermanos espías? Ahora, vamos a elaborar tus propios binoculares.

Se necesitará:
1. Dos rollos de papel higiénico
2. Papel blanco o de color
3. Tijeras (solo para adultos)
4. Rotuladores o crayones
5. Pegamento escolar, cinta adhesiva o barra de pegamento
6. Perforadora y cuerda/hilo

Instrucciones:

1. Pegar un trozo de papel blanco o de color alrededor de cada rollo de papel higiénico.
2. Pedirle al niño o niña que decore cada rollo.
3. Pegar los dos rollos con cinta adhesiva en cada extremo.
4. Hacer un agujero en el exterior de cada tubo. Pasar hilo o cuerda por él para crear una correa para el cuello.

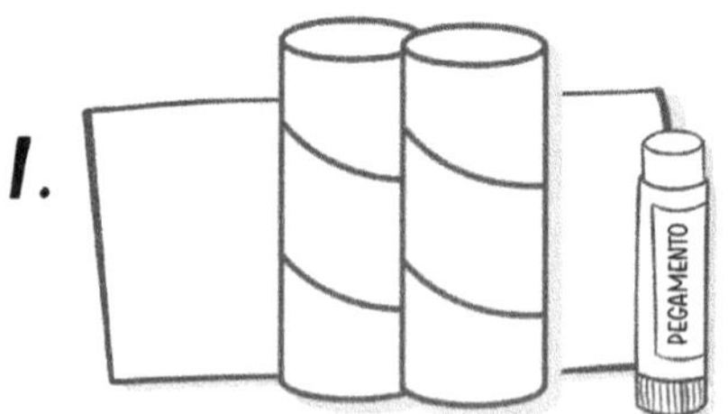

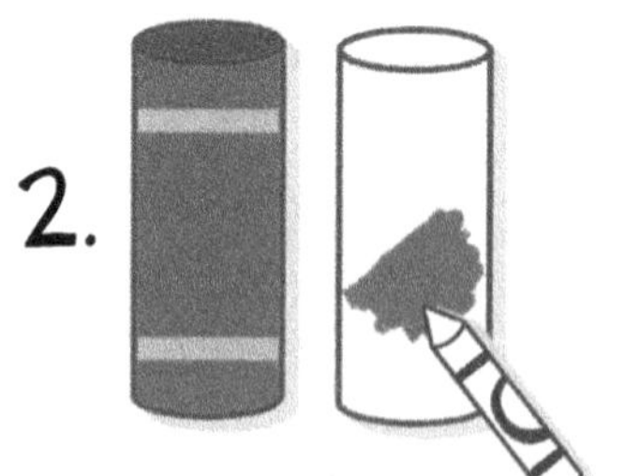

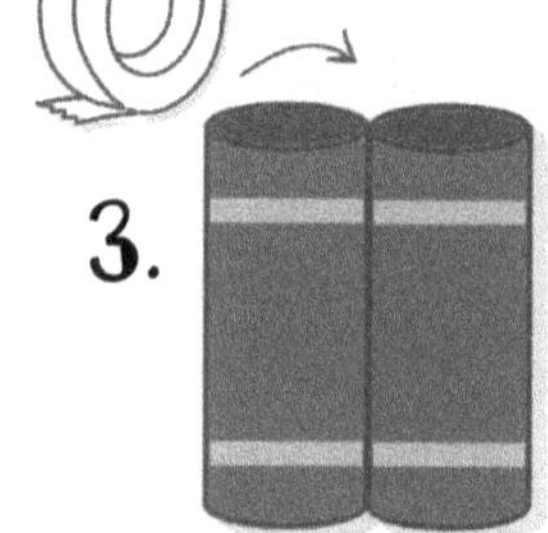

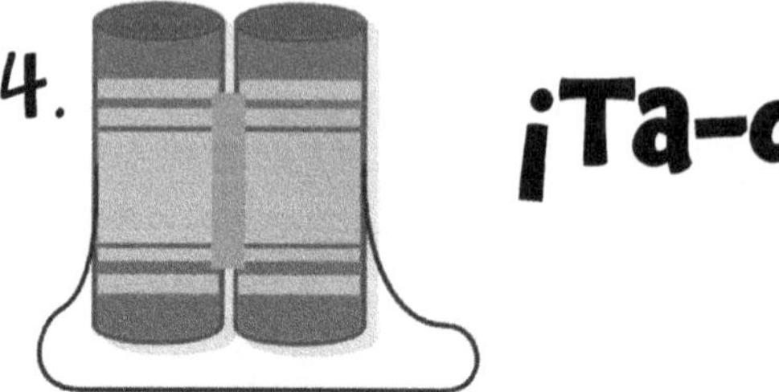

¿Espías en EGIPTO?

Lee Génesis 41:46-42:35. Responde las siguientes preguntas.

1. ¿Qué edad tenía José cuando empezó a servir al faraón?

2. ¿Qué hizo José durante los siete años de abundancia en Egipto?

3. ¿Por qué almacenó José grano en todas las ciudades de Egipto?

4. ¿Cuáles eran los nombres de los dos hijos de José y qué significaban?

5. ¿Qué sucedió después de los siete años de abundancia en Egipto?

6. ¿Qué les dijo el faraón al pueblo de Egipto que hicieran cuando pidieron pan durante la hambruna?

7. ¿Por qué fueron los hermanos de José a Egipto?

8. ¿Cómo reaccionó José cuando vio a sus hermanos en Egipto? ¿Lo reconocieron?

9. ¿De qué acusó José a sus hermanos cuando fueron a comprar comida?

10. ¿Qué encontraron los hermanos de José en sus costales de grano de camino a casa y cómo se sintieron al respecto?

Una comida especial

> "Y pusieron para él aparte, y separadamente para ellos, y aparte para los egipcios que con él comían; porque los egipcios no pueden comer pan con los hebreos, lo cual es abominación a los egipcios… Y José tomó viandas de delante de sí para ellos; mas la porción de Benjamín era cinco veces mayor que cualquiera de las de ellos".
>
> (Génesis 43:31-34)

José invitó a sus hermanos a comer. ¿Qué crees que comieron José y sus hermanos? A los antiguos egipcios les encantaba comer ajo, verduras, lentejas, higos, dátiles, cebollas, pescado, aves, huevos, queso y mantequilla. El pan solía endulzarse con dátiles, miel o higos y se elaboraba con cebada o trigo. La cerveza era la bebida más común en el antiguo Egipto. El pescado se comía asado o seco y salado. Dibuja una selección de comida típica egipcia en la mesa y los platos de abajo.

José pone a prueba a sus hermanos

Lee Génesis 44:1-34. Responde las siguientes preguntas.

¿Qué hombre llevaba en su costal la copa de plata?

Después de que el funcionario de José encontrara la copa de plata, ¿cómo reaccionaron sus hermanos?

¿Qué les dijo el funcionario de José a sus hermanos?

¿Qué animal se llevaron los hermanos de José?

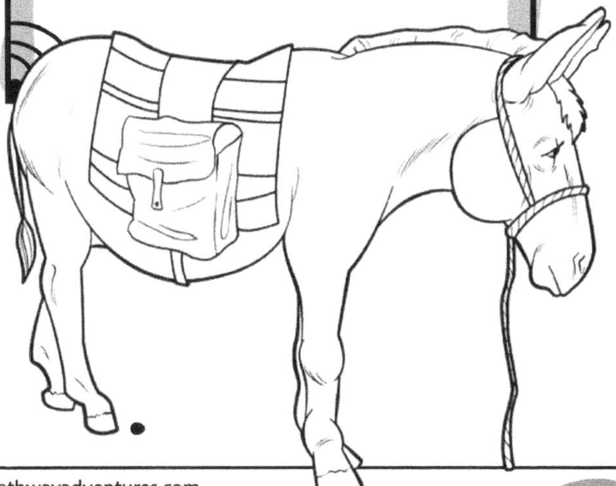

En casa de José, ¿qué hermano habló con José? ¿Qué le dijo?

¿Dónde está la copa de José?

Lee Génesis 44:1-13. En el espacio a continuación, describe qué sucedió cuando el sirviente de José encontró la copa de plata perdida. Luego, en los globos de diálogo de arriba, escribe la conversación de los hombres.

La copa de plata

Lee Génesis 43:1-44:34 y revisa las diez oraciones a continuación. Cuentan la historia de la copa de plata, ¡pero están desordenadas! Tu trabajo es poner las oraciones en el orden correcto. Escribe un número al lado de cada oración para poner la secuencia de los eventos en el orden adecuado.

A. .... José invitó a sus hermanos a comer en su casa, lo que los puso nerviosos porque temían estar en problemas.

B. .... Judá le recordó a Jacob que no podían regresar sin su hermano menor, Benjamín.

C. .... La hambruna era severa y Jacob les dijo a sus hijos que regresaran a Egipto a comprar más comida.

D. .... Antes de que se fueran, José puso a prueba a sus hermanos escondiendo su copa de plata en el costal de Benjamín.

E. .... José vio cuánto habían cambiado sus hermanos y estaba listo para revelar quién era realmente.

F. .... Durante la comida, José le dio a Benjamín cinco veces más comida que a los demás.

G. .... Cuando los hermanos llegaron a Egipto, José vio a Benjamín y sintió una profunda compasión por él.

H. .... Jacob aceptó a regañadientes enviar a Benjamín a Egipto.

I. .... Judá le suplicó a José que lo tomara como sirviente en lugar de Benjamín, ya que no podía soportar regresar sin él.

J. .... Los hermanos fueron detenidos y acusados de robar la copa, que se encontró en el costal de Benjamín.

El secreto de José

No podía ya José contenerse delante de todos los que estaban al lado suyo, y clamó: "Haced salir de mi presencia a todos". Y no quedó nadie con él, al darse a conocer José a sus hermanos. Entonces se dio a llorar a gritos; y oyeron los egipcios, y oyó también la casa de Faraón. Y dijo José a sus hermanos: "Yo soy José; ¿vive aún mi padre?". Y sus hermanos no pudieron responderle, porque estaban turbados delante de él. (Génesis 45:1-3)

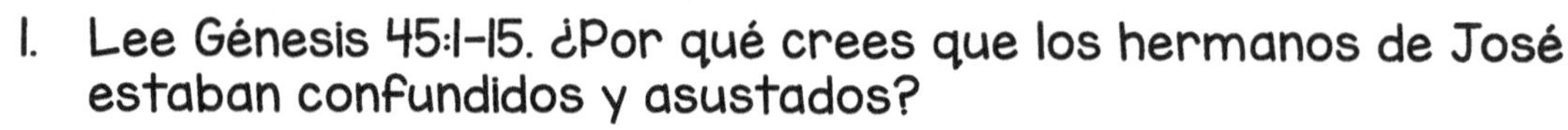

1. Lee Génesis 45:1-15. ¿Por qué crees que los hermanos de José estaban confundidos y asustados?

....

....

2. Lee Génesis 45:4-8. ¿Por qué envió Yah a José a la tierra de Egipto?

....

....

Lee Génesis 48:13.

Los dos hijos de José se convirtieron en las tribus de:

<table>
<tr><td> </td><td> </td><td> </td><td> </td><td> </td><td> </td></tr>
<tr><td> </td><td> </td><td> </td><td> </td><td> </td><td> </td></tr>
</table>

El faraón

El faraón era el rey de Egipto. Llevaba una corona con la imagen de la diosa cobra. Solo el faraón podía llevarla. La leyenda dice que la diosa lo protegía escupiendo llamas a sus enemigos. Mientras José vivía, el faraón invitó a su familia a mudarse a Egipto y vivir en la tierra de Gosén, donde tendrían abundante alimento y buenos pastos para sus animales. Dibuja el lado derecho del faraón como un reflejo del lado izquierdo.

¿José construyó un canal?

¿Sabías que aún existen indicios de la influencia de José en Egipto? Un ejemplo es la ciudad oasis de Medinet-el-Faiyum, a unos 130 kilómetros al sur de El Cairo. Esta zona está repleta de jardines gracias a un antiguo canal llamado Bahr Yusuf. En árabe, "Bahr Yusuf" significa "la vía fluvial de José".

A finales del siglo XIX, el ingeniero estadounidense Francis Cope Whitehouse estudió el origen del agua de un pequeño lago llamado Qarun. Encontró ruinas de antiguas presas, acequias, acueductos y un sistema de canales que recorría el río Nilo a lo largo de muchos kilómetros. También halló indicios de que la gran cuenca de el-Faiyum se convirtió en un lago artificial en la antigüedad. Se creía que el agua almacenada ayudaba a abastecer el Nilo durante los años de sequía. Según las leyendas locales, José construyó el canal y el lago en 1000 días ("alf yum" en árabe). Hoy en día, el canal Bahr Yusuf aún fluye y continúa regando el lago.

1. ¿Qué descubrió Francis Cope Whitehouse a finales del siglo XIX?

   ....

   ....

2. Piensa en la vida en el antiguo Egipto. ¿Por qué crees que José construyó un canal?

   ....

   ....

Israel se muda a EGIPTO

**Lee Génesis 45:1-46:34 (RV1960).
Completa el siguiente crucigrama.**

HORIZONTAL

3) José e Israel se reunieron en este lugar.

6) Todas las personas de la casa de Jacob, que entraron en Egipto, fueron _______.

8) José le dio a Benjamín _______ mudas de vestidos.

9) Primogénito de Israel (Jacob).

10) "Entonces dijo Israel: 'Basta; _______ mi hijo vive todavía…"

VERTICAL

1) Israel se llevó a toda su _______ a Egipto.

2) José era gobernador de toda la tierra de _______.

4) Todos los hermanos de José eran _______.

5) "…tomaos de la tierra de Egipto _______ para vuestros niños y vuestras mujeres…"

7) José le envió a su padre _______ burras.

Jacob bendice a sus hijos

Antes de morir, Jacob les dijo a sus hijos: "Juntaos, y os declararé lo que os ha de acontecer en los días venideros". Lee Génesis 49:1-33 y escribe la bendición de cada hijo junto a su dibujo. Luego, comenta: ¿Por qué crees que Jacob dio bendiciones diferentes a cada uno de sus hijos?

Rubén:

Simeón y Leví:

Judá:

Zabulón:

Isacar:

Dan:

Jacob bendice a sus hijos

¡Decodifica los JEROGLÍFICOS!

"No había pan en toda la tierra, y el hambre era muy grave, por lo que desfalleció de hambre la tierra de Egipto y la tierra de Canaán. Y recogió José todo el dinero que había en la tierra de Egipto y en la tierra de Canaán, por los alimentos que de él compraban; y metió José el dinero en casa de Faraón. Acabado el dinero de la tierra de Egipto y de la tierra de Canaán, vino todo Egipto a José, diciendo: 'Danos pan; ¿por qué moriremos delante de ti, por haberse acabado el dinero?'".

(Génesis 47:13-15).

¿Qué le dieron los egipcios a José a cambio de comida? Usa el alfabeto egipcio para descifrar las respuestas.

✳ Lee Génesis 47:18-22. ¿Cómo obtuvo el faraón toda la tierra de Egipto? ¿Cómo se convirtieron todos los egipcios en siervos?

Moisés y
el éxodo

Esclavitud en el antiguo Egipto

1. Lee Éxodo 1. ¿Qué le preocupaba al faraón sobre los hebreos?

....

....

2. ¿Qué obligaron los egipcios al pueblo de Israel a hacer?

....

....

3. ¿Qué les dijo el faraón a las parteras hebreas que hicieran con cada niño hebreo que nacía?

....

....

¿Esclavos hebreos en Egipto?

Hace mucho tiempo, durante la época del faraón Sobekhotep, muchos sirvientes en Egipto tenían nombres hebreos. Un antiguo documento egipcio, llamado el Papiro de Brooklyn, enumeraba a 95 sirvientes y aproximadamente la mitad de ellos tenían nombres hebreos. Algunos eran llamados "asiáticos", lo que significa que provenían del oeste de Asia o de la tierra de Canaán, al igual que José en la Biblia. Cuando estos sirvientes llegaban a Egipto, a menudo se les daban nombres egipcios. Muchas de estas sirvientas eran mujeres, ya que trabajaban en las casas, mientras que los hombres solían trabajar en el campo o en proyectos de construcción. Alrededor de 30 de estos sirvientes tenían nombres similares a los hebreos.

En otras partes de Egipto, las pinturas murales muestran escenas que coinciden con historias de la Biblia. Una pintura muestra a esclavos de Canaán fabricando ladrillos con barro y paja, mientras capataces los obligaban a trabajar, como en el Éxodo. Otras inscripciones hablan de personas que adoraban a "Yahweh", el nombre de Dios, y de pastores de Canaán que vivían en el delta del Nilo, como los israelitas del Génesis. Estas pinturas y escritos nos dan pistas sobre cómo era la vida de los hebreos en Egipto.

1. Lee Éxodo 5. ¿Por qué el faraón les dijo a los hebreos que hicieran ladrillos sin paja?

2. Lee Génesis 46:33-34. ¿Por qué crees que a los egipcios no les gustaban los pastores hebreos?

3. ¿Crees que los nombres hebreos prueban que los hebreos vivieron en Egipto?

Salvando al bebé Moisés

La madre de Moisés salvó a su hijo de la cruel orden del faraón. Lee cada afirmación sobre cómo sucedió esto y luego decide si es verdadera o falsa marcando la casilla correcta. Usa lo que sabes de Éxodo 1:1-2:10 para ayudarte a responder.

¿Verdadero o falso?

El faraón trató con bondad a los hebreos y les dio abundante comida.
◯ Verdadero ◯ Falso

La madre de Moisés lo ocultó durante tres meses para protegerlo del faraón.
◯ Verdadero ◯ Falso

El faraón quería mantener a salvo a todos los bebés varones en Egipto.
◯ Verdadero ◯ Falso

La hermana de Moisés, Miriam, observaba qué le sucedería después de que lo colocaran en la cesta.
◯ Verdadero ◯ Falso

La hija del faraón encontró a Moisés en una cesta entre los juncos.
◯ Verdadero ◯ Falso

Moisés fue encontrado por una mujer hebrea que lo adoptó como hijo.
◯ Verdadero ◯ Falso

Moisés escapó de Egipto a la tierra de Madián
(Éxodo 2:11-15). ¿Por qué lo hizo? Imagina que
eres Moisés. ¿Qué objetos llevarías en un viaje por
el desierto? Escribe tu lista a continuación.

Moisés en MADIÁN

Lee Éxodo 2:11-3:1. Responde las siguientes preguntas.

1. ¿Por qué Moisés mató al egipcio?

2. ¿Cómo reaccionó el faraón al enterarse de que Moisés había matado al egipcio?

3. ¿A qué tierra huyó Moisés?

4. ¿Dónde se encontró Moisés con las hijas de Jetro?

5. ¿A quiénes ahuyentaron los pastores del pozo?

6. ¿Cómo reaccionó Jetro (Reuel) al enterarse de que Moisés había ayudado a sus hijas?

7. ¿Con quién se casó Moisés?

8. ¿Quién fue el primogénito de Moisés?

9. ¿Cuál era el trabajo de Jetro?

10. ¿Qué hizo Moisés mientras vivió en el desierto?

Señales en el monte Horeb

Lee Éxodo 4:1-17. Yah le dio a Moisés señales especiales cerca del monte Horeb para demostrar Su poder. Estas señales le ayudaron a Moisés a demostrar que Yah estaba con él. Lee las preguntas a continuación y escribe tus respuestas.

La vara de Moisés se convierte en serpiente. ¿Qué te muestra esta señal sobre el poder de Yah?

La mano de Moisés se vuelve leprosa y luego sana. ¿Por qué crees que Yah usó esta señal?

Moisés y Aarón hablaron con el faraón y le pidieron que liberara a los hijos de Israel (Éxodo 7:1-14). Descifra las palabras para conocer las personas y los objetos mencionados en este pasaje bíblico.

Frnaóa	....	ieossrv	....
osMési	....	cóorazn	....
aAnró	....	edndoeuicr	....
raav	....	ipeesretn	....

¡Deja ir a Mi pueblo!

Moisés y Aarón fueron al faraón y le pidieron que dejara ir a los hijos de Israel (Éxodo 5:1-2). ¿Cómo respondió el faraón? Escribe su conversación en los globos de diálogo de arriba. Luego, escribe a continuación cómo el faraón les hizo la vida más difícil a los hebreos.

....

....

....

....

El reto de las diez plagas

Lee Éxodo 7:14–11:10. Ordena las plagas. Escribe un número en el recuadro para indicar el orden en que ocurrió cada una.

agua en sangre

muerte del ganado

moscas

piojos

granizo ardiente

oscuridad

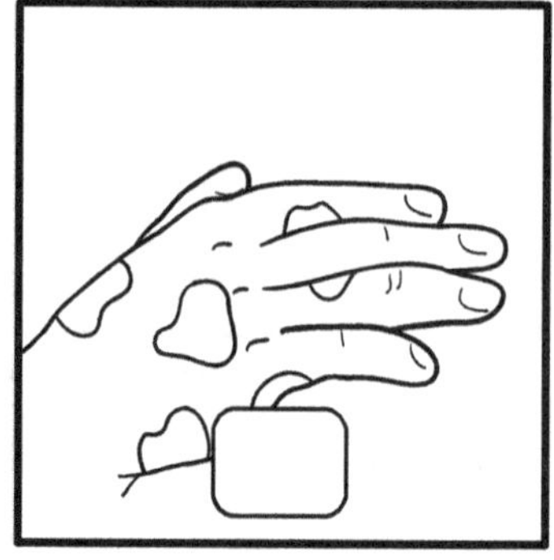

úlceras

ranas

langostas

muerte de los
primogénitos

Diez plagas, diez dioses falsos

Los egipcios adoraban a muchos dioses falsos, pero las diez plagas demostraron que no eran tan poderosos como Yahweh, el Dios de Abraham, Isaac y Jacob. La columna "Diez plagas de Egipto" muestra lo que Yahweh hizo para demostrar Su poder. La columna "Dioses falsos egipcios" enumera sus dioses, ¡pero están desordenados! Lee sobre los dioses egipcios a continuación y luego traza una línea desde cada plaga hasta el dios egipcio al que desafiaba. ¿Puedes unirlos todos?

Diez plagas de Egipto

Convirtió el río Nilo en sangre

Envió ranas por todo Egipto

Envió piojos que cubrieron a personas y animales

Envió enjambres de moscas por todas partes

Hizo morir al ganado egipcio

Envió llagas en personas y animales

Envió granizo ardiente del cielo

Envió langostas que devoraron todas las cosechas

Hizo que la oscuridad cubriera Egipto durante tres días

Mató a los primogénitos en Egipto

Dioses falsos egipcios

Osiris

Geb

Ra

Hator

Hapi

Khepri

Faraón

Isis

Nut

Heqet

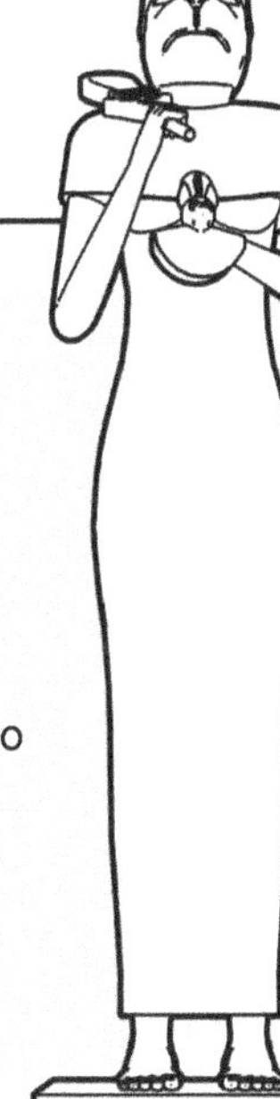

Falsos dioses egipcios

- **Hapi:** Dios del río Nilo
- **Heqet:** Diosa del nacimiento con cabeza de rana
- **Geb:** Dios de la tierra
- **Khepri:** Dios escarabajo vinculado a los insectos
- **Hathor:** Diosa vaca de la protección

- **Isis:** Diosa de la magia y la curación
- **Nut:** La diosa del cielo
- **Osiris:** Dios de las cosechas y el inframundo
- **Ra:** El dios del sol
- **Faraón:** El gobernante divino de los egipcioso

La primera Pascua

Cuando el faraón se negó a liberar al pueblo de Israel, Dios decidió castigar a todos los primogénitos de Egipto. Pero primero, le dijo a Moisés cómo Su pueblo podía protegerse de la plaga final.

Lee Éxodo 12:1-32. Responde las preguntas.

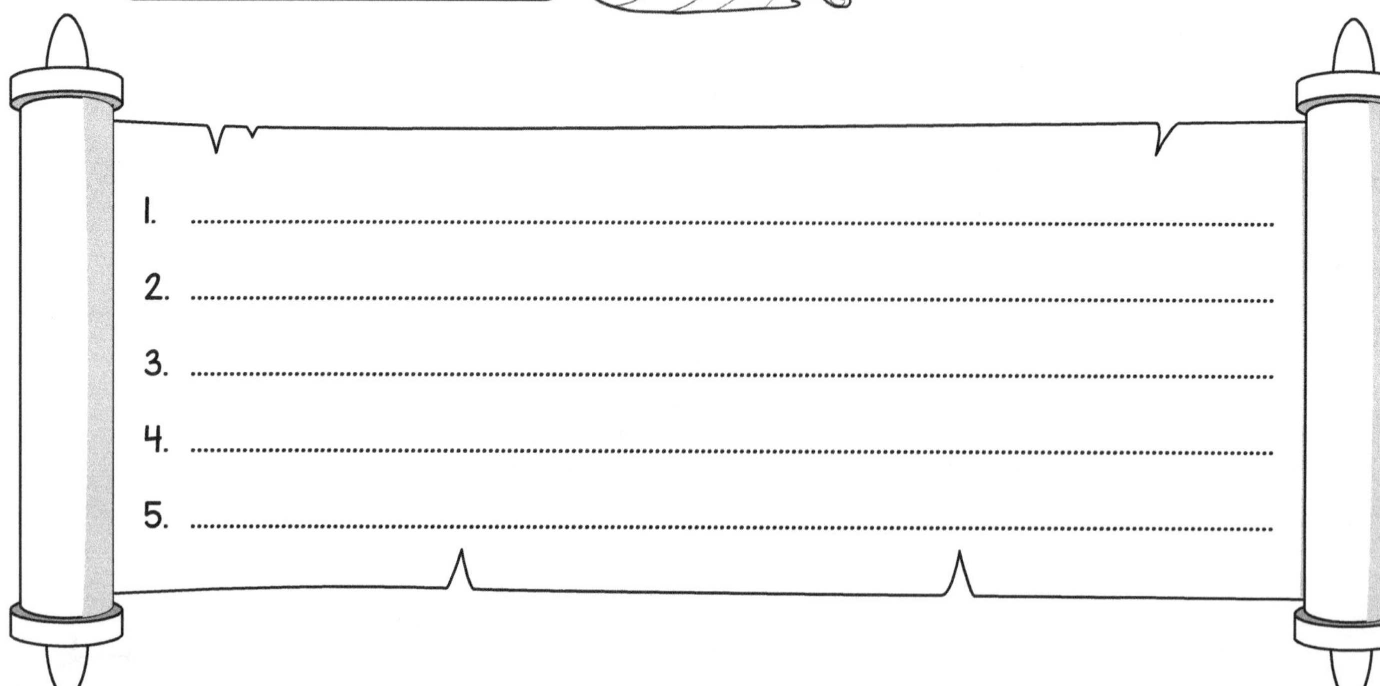

Imagina que eres un hebreo que vive en Egipto. Escribe un informe sobre lo que sucedió la noche en que celebraste la primera Pascua.

Matzah

El nombre hebreo del pan sin levadura es matzah. Es un tipo de pan hecho con harina y agua. Se come durante uno de los Tiempos Designados por Dios, la Fiesta de los Panes sin Levadura, para recordar a los israelitas cuando tuvieron que salir de Egipto con tanta prisa que el pan no tuvo tiempo de levar. Para hacer matzah, o matzá, se mezcla harina y agua, se extiende la masa muy fina y se hornea rápidamente. Como no lleva levadura, queda plana y crujiente. ¿Cómo preparas matzá durante la Fiesta de los Panes sin Levadura?

Matzah
(Mah-TSAH)

מַצָּה

Pan sin levadura

Traza el nombre hebreo aquí:

Escribe el nombre hebreo aquí:

¡Vamos a escribir!

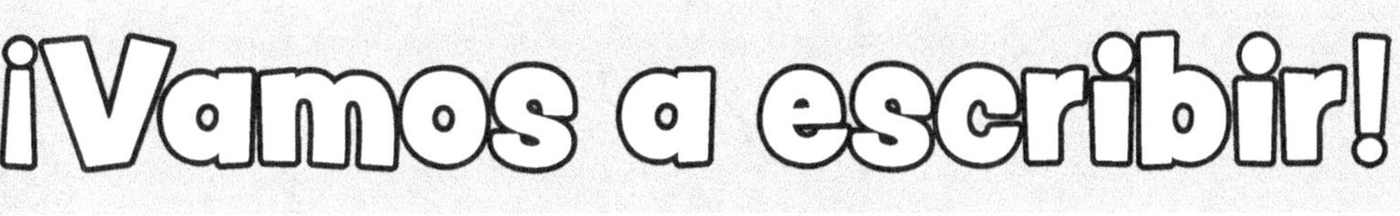

Practica a escribir el nombre hebreo del pan sin levadura
en las líneas de abajo.

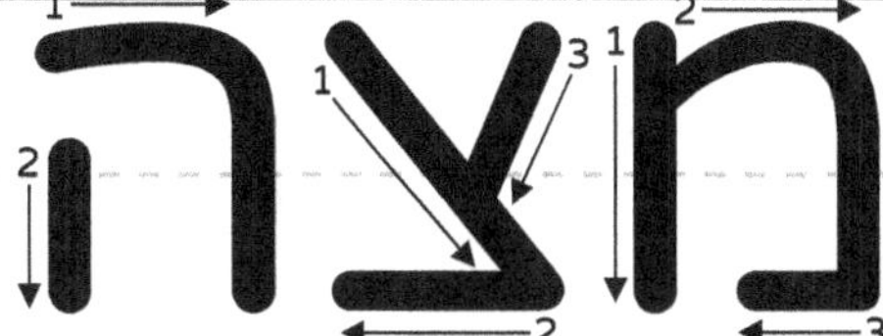

Inténtalo por tu cuenta.
Recuerda que el hebreo se lee de DERECHA a IZQUIERDA.

¿Por qué crees que es importante que los israelitas coman matzá durante la Fiesta de los Panes sin Levadura?

....

....

....

....

Fiesta de los Panes sin LEVADURA

Lee Éxodo 12:1-51.
Encuentra y encierra en un círculo las siguientes palabras.

T	C	A	N	A	V	O	I	S	R	Z	U	T	S	G
C	I	E	M	X	L	F	T	Q	P	Q	D	S	I	R
O	F	E	L	Z	M	U	O	J	A	W	M	I	E	X
N	M	V	M	E	Y	V	G	L	Q	K	A	N	T	F
G	X	Z	Y	P	B	R	Q	Z	I	O	T	L	E	F
R	J	A	Q	A	W	O	R	J	C	Y	G	Z	E	D	I
E	Q	J	H	U	O	D	A	T	K	A	A	V	Í	E
G	M	C	W	J	A	I	E	R	M	P	H	A	A	S
A	L	F	E	G	A	U	C	S	V	J	E	D	S	T
C	B	X	H	T	S	E	Y	Z	I	W	F	U	R	A
I	E	G	I	P	T	O	D	Q	U	G	Q	R	J	C
Ó	T	Z	Q	R	X	B	W	E	Q	B	N	A	T	M
N	P	Z	E	I	S	R	A	E	L	I	T	A	S	N
V	W	P	O	R	S	I	E	M	P	R	E	N	D	F
L	U	G	A	R	D	E	M	O	R	A	D	A	B	O

LUGAR DE MORADA

FIESTA

EGIPTO

POR SIEMPRE

CONGREGACIÓN

MATZAH

CELEBRAR

YAHWEH

ISRAELITAS

SIN LEVADURA

SIETE DÍAS

TIEMPO DESIGNADO

Fiesta de los Panes sin Levadura

La Fiesta de los Panes sin Levadura es uno de los Tiempos Designados de Yah (Levítico 23) y se ha celebrado durante miles de años. Comenzó cuando Yah liberó a los israelitas de la esclavitud en Egipto, como se relata en Éxodo 12. Les dijo que se fueran rápidamente, así que hicieron un pan sin levadura porque no había suficiente tiempo para que leudara. En su prisa, los israelitas también llevaron su masa, que aún no había levado, junto con sus cuencos para amasar. Esta fiesta dura siete días y comienza con la cena de Pascua.

Siglos después, israelitas de muchos lugares viajaron a Jerusalén para adorar en el templo durante esta fiesta. Antes de la Fiesta de los Panes sin Levadura, Yeshua llegó a Jerusalén montado en un burro. Los israelitas lo aclamaron y esperaron que Él fuera su rey y los salvara de los romanos. Pero Yah tenía un plan diferente. Mientras los israelitas comían la cena de Pascua, recordando la sangre del cordero que los salvó en Egipto, Yeshua fue crucificado fuera de la ciudad. Se convirtió en el Cordero Pascual supremo, que quita los pecados del mundo, como dice Juan 1:29: "He aquí el Cordero de Dios, que quita el pecado del mundo".

1. ¿Qué es el pan sin levadura y por qué lo prepararon los israelitas al salir de Egipto?

2. ¿Por qué crees que Yah quería que los israelitas salieran de Egipto tan rápido?

3. ¿Por qué crees que Yah les dijo a los israelitas que comieran pan sin levadura durante esta fiesta?

"Y Dios iba delante de ellos de día en una columna de nube para guiarlos por el camino, y de noche en una columna de fuego para alumbrarles".

(Éxodo 13:21)

Cruce del MAR ROJO

Lee Éxodo 13:17-15:1. Responde las siguientes preguntas.

1. ¿Quién sacó a los israelitas de Egipto?

2. ¿De quién fueron los huesos que se llevaron los israelitas con ellos?

3. ¿Quién los guio por el desierto?

4. ¿Qué ejército los persiguió?

5. Cuando los israelitas llegaron al mar, ¿dónde acamparon?

6. ¿Cómo ordenó Moisés que el mar se dividiera para que los israelitas pudieran cruzar al otro lado?

7. ¿Qué mar cruzaron los israelitas para escapar de los egipcios?

8. ¿Cómo impidió Dios que los egipcios los persiguieran por el mar?

9. ¿Qué le sucedió al ejército egipcio?

10. ¿Qué hicieron los israelitas al llegar al otro lado del mar?

¿Descubrimiento del mar Rojo?

En la época del Éxodo, Egipto controlaba la península del Sinaí. Para escapar rápidamente del ejército egipcio, los israelitas tuvieron que cruzar el mar Rojo para salir de Egipto. Los estudiosos de la Biblia no están seguros de dónde se realizó el cruce del mar Rojo. Algunos creen que pudo haber sido en el lago Sirbonis en Egipto, mientras que otros creen que ocurrió en el puerto de Suez o el estrecho de Tirán.

Un grupo de arqueólogos cree que los israelitas cruzaron el mar Rojo en la playa de Nuweiba, ubicada en el golfo de Áqaba, frente a Arabia Saudita. ¡Esta playa es tan grande que se puede ver en mapas satelitales! Buzos y científicos encontraron un puente terrestre submarino entre la playa de Nuweiba y la costa de Arabia Saudita. Aún más sorprendente, los arqueólogos descubrieron ruedas de carro cubiertas de coral y huesos fosilizados de animales en el fondo marino. Algunas ruedas aún estaban unidas a los ejes, mientras que otras no. También encontraron cabinas de carros sin ruedas, tal como dice la Biblia cuando Dios hizo que las ruedas de los carros de los egipcios se cayeran (Éxodo 14:24-25). También se encontraron esqueletos humanos y de caballos, incluidos cráneos, huesos de la cadera y pezuñas, parcialmente cubiertos por coral.

¿Qué opinas? ¿Podría ser la playa de Nuweiba el lugar real del cruce? ¿Por qué sí / por qué no?

Canción de Moisés

(Éxodo 15:1-4)

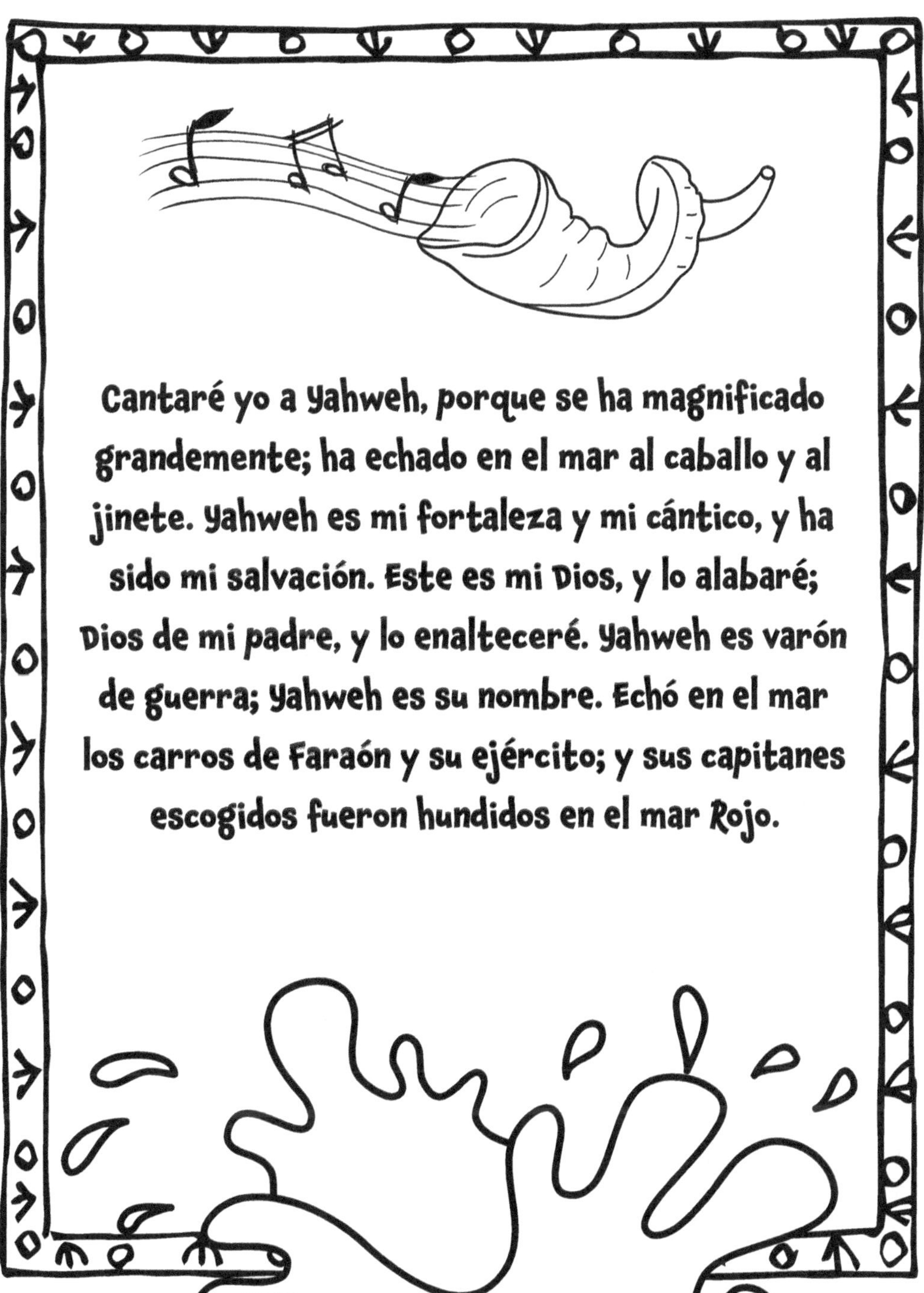

Cantaré yo a Yahweh, porque se ha magnificado grandemente; ha echado en el mar al caballo y al jinete. Yahweh es mi fortaleza y mi cántico, y ha sido mi salvación. Este es mi Dios, y lo alabaré; Dios de mi padre, y lo enalteceré. Yahweh es varón de guerra; Yahweh es su nombre. Echó en el mar los carros de Faraón y su ejército; y sus capitanes escogidos fueron hundidos en el mar Rojo.

¡Dios provee!

Lee Éxodo 16:1-36. Los israelitas tenían hambre en el desierto. ¿Qué les dio Dios de comer? Cada número a continuación representa una letra del alfabeto (A = 1, B = 2, etc.). Reemplaza cada número con su letra para obtener la respuesta.

A	B	C	D	E	F	G	H	I	J	K	L	M
1	2	3	4	5	6	7	8	9	10	11	12	13

N	O	P	Q	R	S	T	U	V	W	X	Y	Z
14	15	16	17	18	19	20	21	22	23	24	25	26

1   4 – 9 – 15 – 19:

2   12 – 5 – 19:

3   4 – 9 – 15:

4   13 – 1 – 14 – 1:

5   25:

6   3 – 15 – 4 – 15 – 18 – 14 – 9 – 3 – 5 – 19:

7   16 – 1 – 18 – 1:

8   3 – 15 – 13 – 5 – 18:

Milagros en Refidim

Lee Éxodo 17:1-16 y revisa las diez oraciones a continuación. Cuentan la historia de los israelitas en Refidim, ¡pero están desordenadas! Tu trabajo es poner las oraciones en el orden correcto. Escribe un número al lado de cada oración para poner la secuencia de los eventos en el orden adecuado.

A. .... Moisés nombró el lugar Masah y Meriba porque el pueblo puso a prueba a Dios, preguntando: "¿Está, pues, Dios entre nosotros, o no?".

B. .... Con las manos de Moisés en alto, los hombres de Josué derrotaron a Amalec y Moisés construyó un altar, llamándolo "Yahweh es mi estandarte", para recordar la ayuda de Dios.

C. .... Entonces los amalecitas atacaron a Israel en Refidim.

D. .... Cuando Moisés levantaba las manos, Israel ganaba; cuando las bajaba, Amalec ganaba, así que Aarón y Hur le mantuvieron las manos firmes.

E. .... El pueblo discutió con Moisés, exigiendo agua y cuestionando por qué los sacó de la tierra de Egipto.

F. .... En Horeb, Dios le dijo a Moisés que golpeara una roca y salió agua para que el pueblo bebiera.

G. .... Moisés le dijo a Josué que reuniera hombres para luchar, mientras él iba a la cima de una colina con la vara de Dios.

H. .... Dios le dijo a Moisés que fuera adelante con algunos de los ancianos de Israel y tomara la vara que usó en el río Nilo.

I. .... Los israelitas salieron del desierto y acamparon en Refidim, donde no había agua.

J. .... Moisés pidió ayuda a Dios, por temor a que el pueblo lo apedreara.

El sabio consejo de Jetro

Lee Éxodo 18:13-27. Cuando Moisés intentó juzgar él solo todos los problemas de los israelitas, ¡se sintió muy cansado! Su suegro, Jetro, le dio el sabio consejo de elegir ayudantes y compartir el trabajo. A continuación está un organigrama que muestra cómo Moisés siguió el consejo de Jetro. Completa el organigrama con la información de Éxodo 18. Luego, responde las siguientes preguntas.

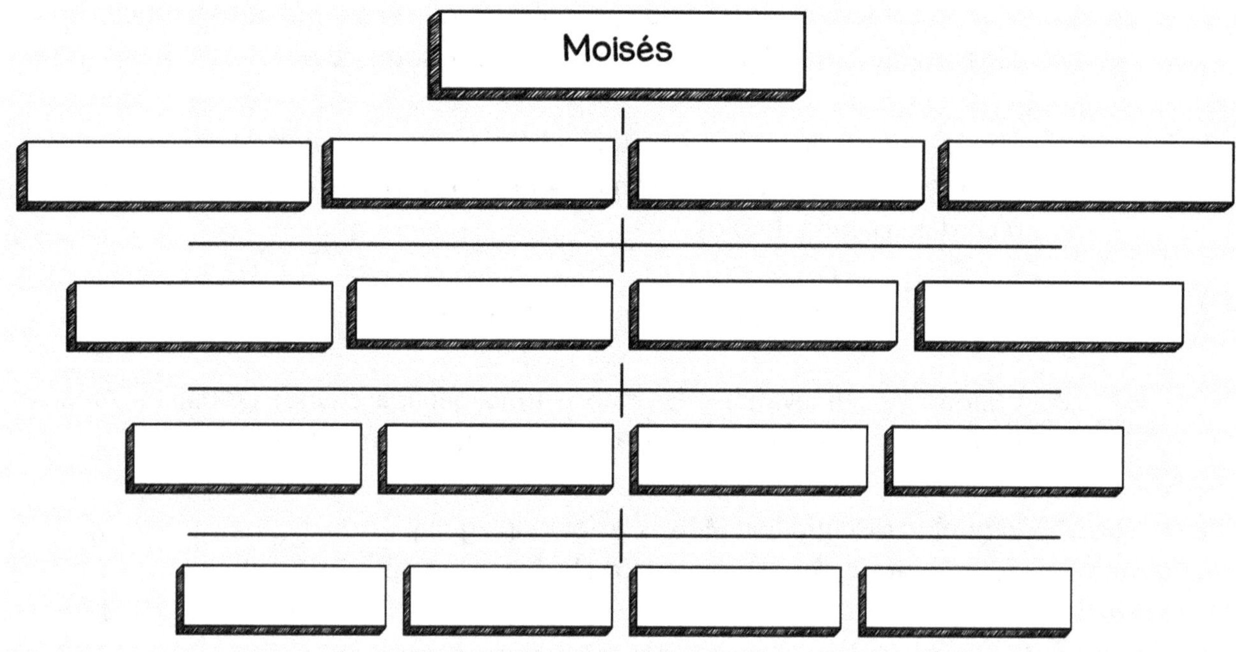

Responde las preguntas.

1. ¿Por qué fue buena idea que Moisés eligiera líderes para que lo ayudaran?

   ....

   ....

2. ¿Qué tipo de israelitas eligió Moisés como líderes?

   ....

   ....

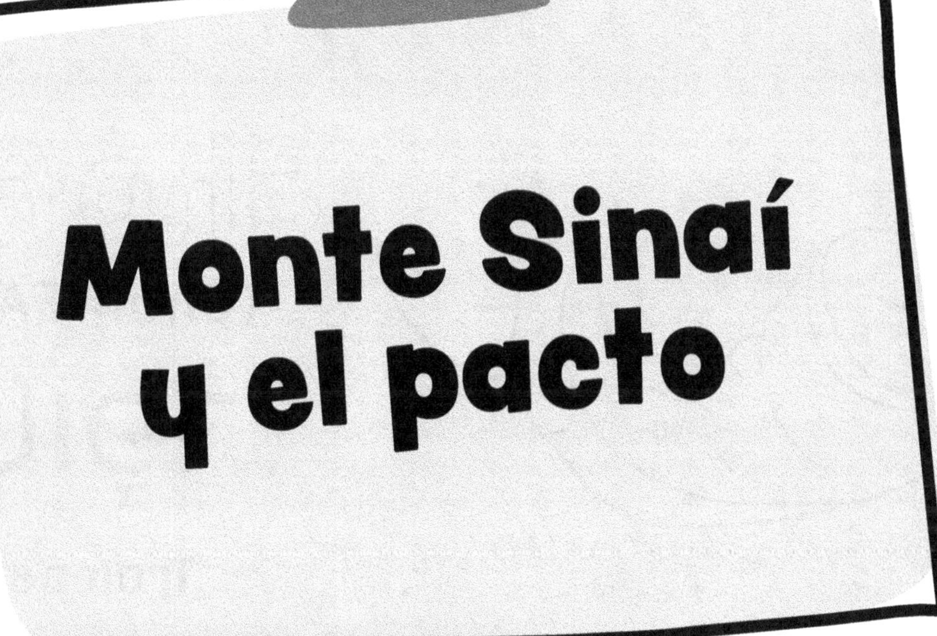

Monte Sinaí
y el pacto

El sonido del shofar

"Aconteció que al tercer día, cuando vino la mañana, vinieron truenos y relámpagos, y espesa nube sobre el monte, y sonido de bocina (shofar) muy fuerte; y se estremeció todo el pueblo que estaba en el campamento" (Éxodo 19:16). La palabra hebrea para "bocina" o "trompeta" en este versículo es shofar. Un shofar está hecho de cuerno de carnero y se usaba para anunciar eventos importantes. En la Biblia, el shofar se tocaba a menudo para reunir gente, anunciar ciertas fiestas, proclamar la coronación de reyes y anunciar la guerra.

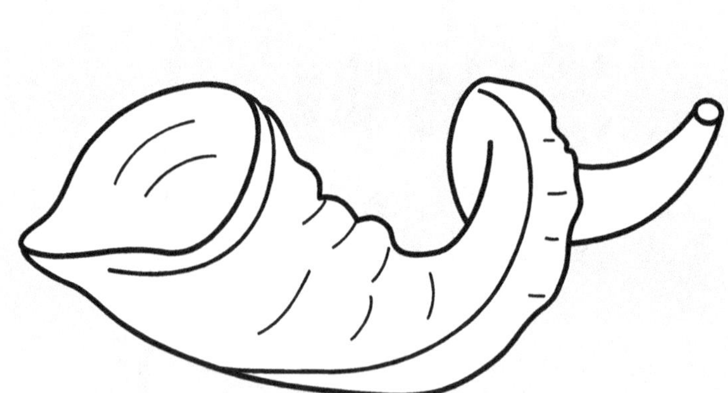

Shofar
(Shoh-FAHR)

שׁוֹפָר

Trompeta

<table>
<tr><td>Traza la palabra hebrea aquí:</td><td>Escribe la palabra hebrea aquí:</td></tr>
<tr><td>שׁוֹפָר</td><td></td></tr>
<tr><td>שׁוֹפָר</td><td></td></tr>
</table>

¡Vamos a escribir!

Practica a escribir esta palabra hebrea en las líneas de abajo.

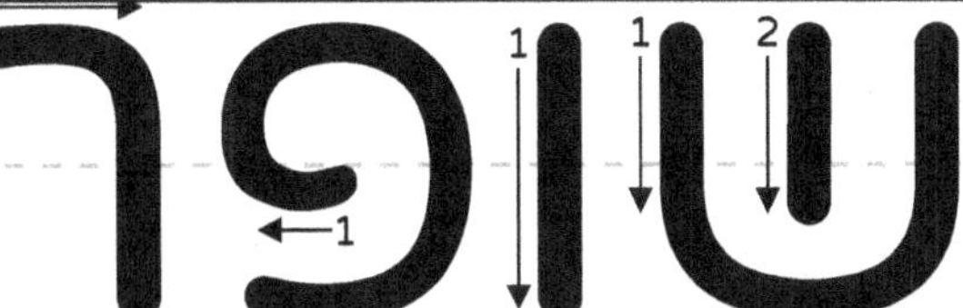

Inténtalo por tu cuenta.
Recuerda que el hebreo se lee de DERECHA a IZQUIERDA.

Lee Éxodo 19:16-20. ¿Cómo crees que se sintieron los israelitas al oír el fuerte sonido del shofar en el monte Sinaí?

"...vinieron truenos y relámpagos, y espesa nube sobre el monte, y sonido de bocina muy fuerte..."

(Éxodo 19:16)

Los diez mandamientos

Lee Éxodo 20.

Escribe los diez mandamientos
en las tablas.

Los diez MANDAMIENTOS

Lee Éxodo 20:1-17.
Encuentra y encierra en un círculo las siguientes palabras.

```
I  A  O  F  Q  P  N  I  C  Y  W  X  D  W  R
Q  S  B  G  X  K  Z  N  S  N  Q  E  X  N  S
M  A  R  R  J  U  Q  S  Y  O  L  Y  S  O  Q
A  B  A  A  U  C  E  G  K  M  H  R  A  R  X
N  K  K  X  E  T  Z  J  V  A  X  R  B  O  P
D  H  S  L  N  L  A  C  Q  T  S  A  B  B  R
A  H  T  Q  T  A  I  B  D  A  A  A  A  A  Ó
M  S  M  Y  W  Q  G  T  L  R  F  L  T  R  J
I  I  B  R  C  R  H  L  A  A  B  R  A  E  I
E  K  Z  E  R  A  L  E  J  S  S  B  X  U  M
N  E  N  O  C  O  D  I  C  I  A  R  Y  X  O
T  X  B  K  E  Q  Y  E  Q  V  O  V  W  X  J
O  N  O  O  T  R  O  S  D  I  O  S  E  S  C
S  S  A  G  R  A  D  O  H  O  N  R  A  R  X
F  A  L  S  O  T  E  S  T  I  M  O  N  I  O
```

TABLAS

SAGRADO

NO CODICIAR

NO MATAR

MANDAMIENTOS

FALSO TESTIMONIO

HONRAR

SABBAT

ISRAELITAS

NO OTROS DIOSES

NO ROBAR

PRÓJIMO

El campamento de Israel

En el desierto, Yah les dijo a los israelitas que acamparan de cierta manera. Acamparon en tribus a cada lado del campamento. Yah escogió a la tribu de Leví para servir como sacerdotes. Acamparon alrededor del tabernáculo. Lee Números 2. En el estandarte sobre cada tienda escribe el nombre de una tribu de Israel.

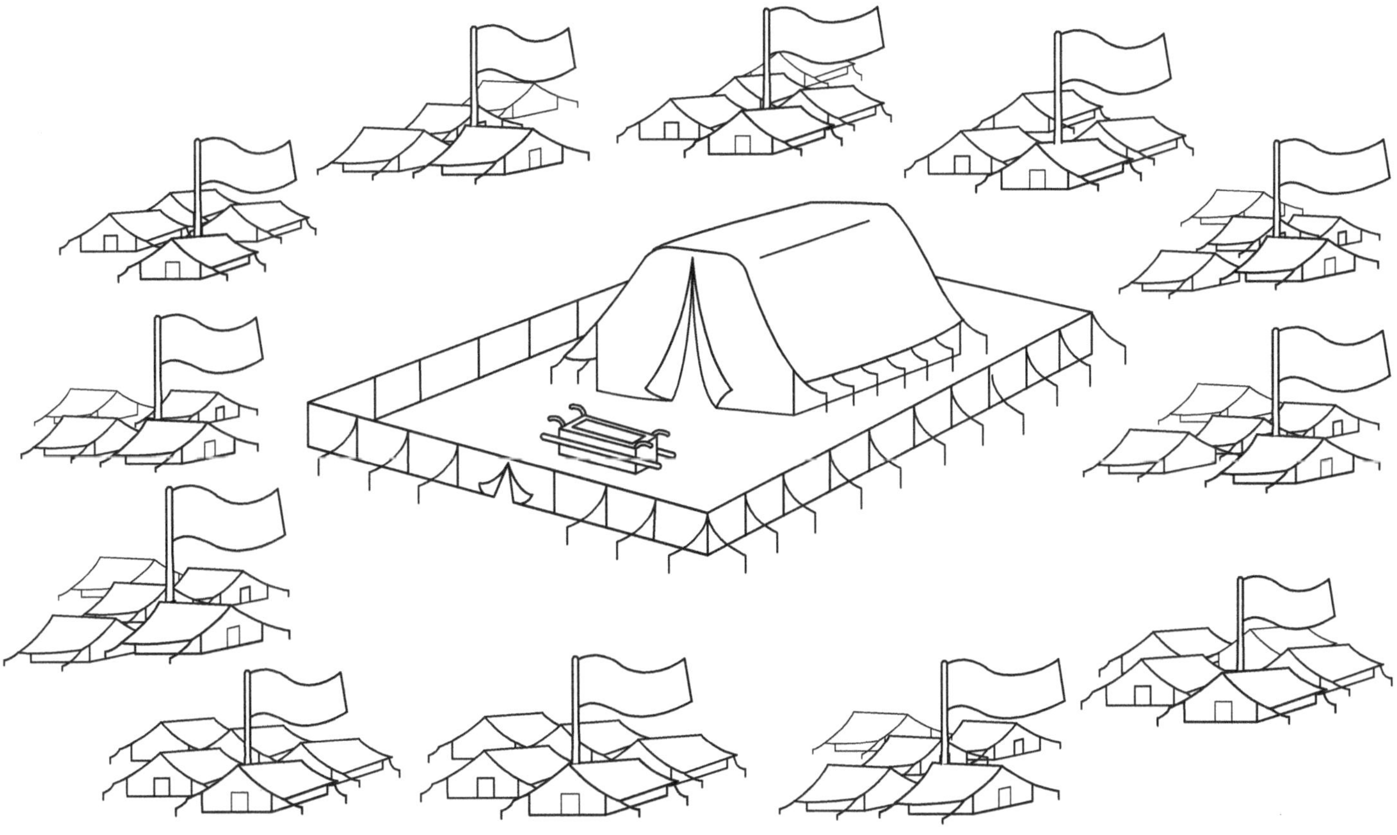

Las doce tribus de Israel

Tras salir de Egipto, los israelitas pasaron 40 años en el desierto aprendiendo a seguir las instrucciones de Yah antes de llegar a la tierra de Canaán. Los israelitas se dividieron en doce tribus, aunque en realidad eran trece. Cada tribu recibió el nombre de un hijo o nieto de Israel (Jacob); once de los hijos de Jacob encabezaron una tribu cada uno, mientras que los descendientes de José se convirtieron en dos tribus separadas (Efraín y Manasés). ¿Por qué crees que Dios dividió a los israelitas en tribus? ¿Dónde están las tribus hoy en día? Colorea los estandartes de las doce tribus de Israel mencionadas en Números 1:1-15 y 13:4-15.

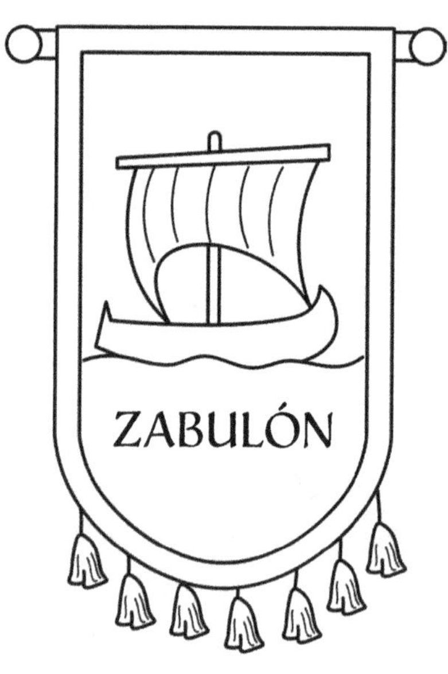

Las doce tribus de Israel

GAD

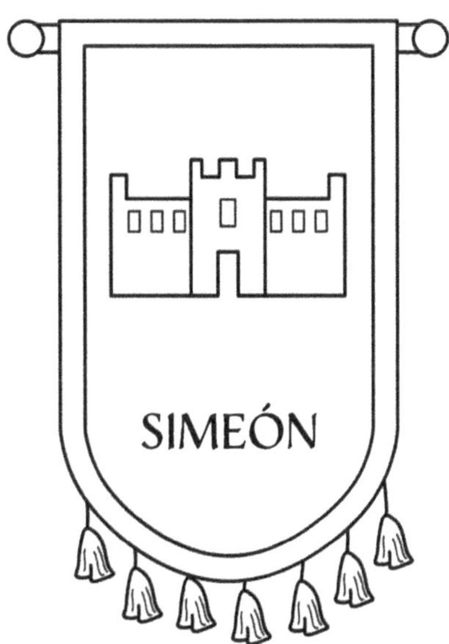

SIMEÓN

RUBÉN

EFRAÍN

MANASÉS

BENJAMÍN

Las doce tribus de Israel

Los <u>descendientes</u> de los 12 hijos de Jacob (Israel) se convirtieron en las 12 tribus de Israel.

Hijos

Rubén
Simeón
Leví
Judá
Dan
Neftalí
Gad
Aser
Isacar
Zabulón
José
Benjamín

Tribus

Rubén
Simeón
~~Leví~~
Judá
Dan
Neftalí
Gad
Aser
Isacar
Zabulón
~~José~~ Manasés y Efraín
Benjamín

Leví no obtuvo tierras, pero tuvo que cuidar el tabernáculo

José se dividió en dos tribus: Manasés y Efraín

** Los <u>descendientes</u> son personas nacidas de una persona en la misma familia.

Ordena las doce tribus

Lee Números 2. Reordena las tribus para conocer los nombres de las doce tribus de Israel que acampaban alrededor del tabernáculo.

aGd

nubéR

óniSem

jnBneíam

scrIaa

niEraf

uJda

anD

Nlitaef

ersA

ólnbuaZ

sésMaan

Las doce tribus de Israel

El pueblo hebreo salió de la tierra de Egipto y siguió a Moisés por el desierto durante cuarenta años hasta llegar a la tierra de Canaán. Este pueblo se convirtió en las doce tribus de Israel. Cada tribu estaba compuesta por cientos de miles de personas y llevaba el nombre de un hijo o nieto de Jacob (cuyo nombre posteriormente se cambió a Israel). Debido a esto, el pueblo hebreo llegó a ser conocido como los israelitas, o las doce tribus de Israel. La Biblia describe a Israel como un pueblo.

"Así ha dicho Yahweh el Señor: 'He aquí, yo tomo a los hijos de Israel de entre las naciones a las cuales fueron, y los recogeré de todas partes, y los traeré a su tierra'" (Ezequiel 37:21). Los nombres de las tribus eran Aser, Dan, Efraín, Gad, Isacar, Manasés, Neftalí, Rubén, Simeón, Leví, José y Zabulón. Cada tribu tenía su propio estandarte y símbolo.

1. ¿Por qué se conoció a los hebreos como las tribus de Israel?

....

....

2. ¿Dónde crees que viven las tribus de Israel hoy en día?

....

....

3. ¿Por qué crees que cada tribu tenía su propio símbolo?

....

....

El tabernáculo
y el desierto

El becerro DE ORO

Lee Éxodo 32:1-35. Completa el siguiente crucigrama.

HORIZONTAL

3) Dios escribió Sus mandamientos en tablas de ______.

4) Moisés quebró las ______ cuando vio el ídolo.

7) Los israelitas ofrecieron holocaustos y ofrendas de ______.

8) Moisés les dijo a los hijos de Leví que tomaran cada uno su ______ y recorrieran todo el campamento.

9) Aarón le dijo a la gente que le entregaran sus aretes de ______.

VERTICAL

1) Los israelitas dijeron: "Israel, estos son tus dioses, que te sacaron de la tierra de ______".

2) Aarón dio forma al becerro de oro utilizando un ______.

5) El pueblo hizo un ______ de oro para adorar.

6) Moisés estaba en el monte ______ cuando el pueblo hizo el becerro de oro.

7) Moisés le pidió a Dios que perdonara el ______ de los israelitas.

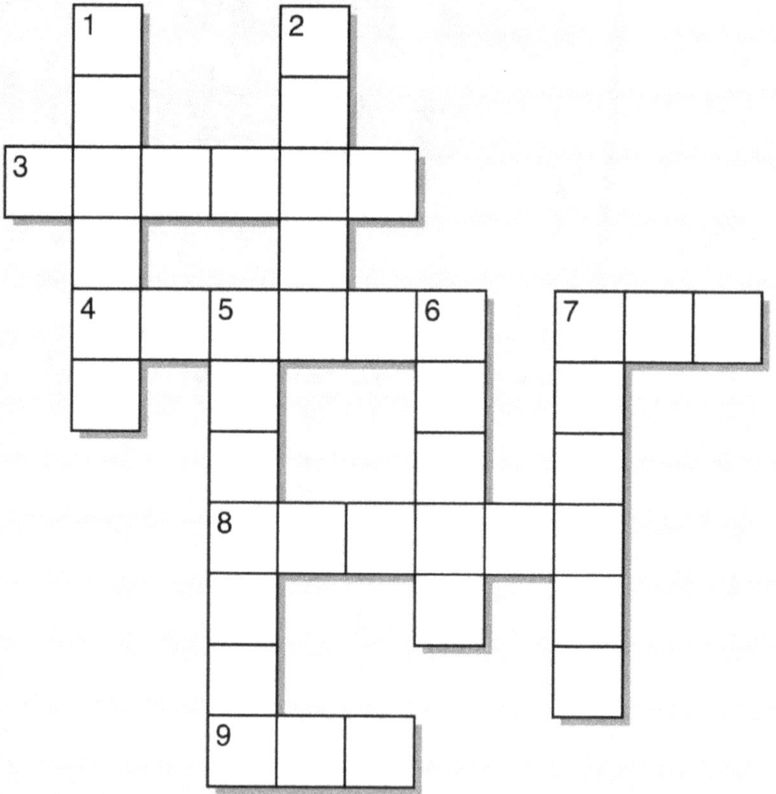

Esperando a Moisés

Cuando el pueblo vio que Moisés tardaba en bajar del monte, se reunieron alrededor de Aarón y dijeron: "…haznos dioses que vayan delante de nosotros; porque a este Moisés… no sabemos qué le haya acontecido". ¿Qué hizo Aarón después? Lee Éxodo 32:1-35 y escribe con tus propias palabras las acciones de Aarón a continuación.

Responde las siguientes preguntas.

¿Qué estaba grabado en las tablas?

¿Quién permitió que los israelitas se descontrolaran, provocando la burla de sus enemigos?

¿Cuál fue la promesa de Dios a Abraham?

¿Dónde está el monte Sinaí?

Mucha gente cree que el monte Sinaí se encuentra en la península del Sinaí, en Egipto. Sin embargo, no hay evidencia bíblica ni arqueológica que demuestre que esta sea la verdadera ubicación del monte Sinaí bíblico. Analicémoslo con más detalle y veamos qué opinas. Lee el artículo y luego responde las preguntas de la página siguiente.

Monte Sinaí

¿Sabías que la Biblia dice que el monte Sinaí se encuentra en Arabia, no en Egipto (Gálatas 4:25)? Recientemente, arqueólogos descubrieron un lugar que apunta a Jebel el Lawz, en Arabia Saudita, como la posible ubicación del monte Sinaí bíblico. Esta montaña se encuentra en el noroeste de Arabia Saudita, cerca de la costa del Golfo de Áqaba. Un mapa aéreo muestra que la montaña tiene una forma casi semicircular y abarca una superficie de 5,000 acres (2,000 hectáreas). A diferencia de las montañas cercanas, toda la cima de Jebel el Lawz está ennegrecida (Éxodo 19:18). En la superficie de Jebel el Lawz, hay evidencia de un antiguo arroyo. La Biblia dice que cuando Moisés destruyó el becerro de oro, echó el polvo "en el arroyo que descendía del monte…." (Deuteronomio 9:21).

En 1985, los arqueólogos encontraron numerosas columnas de piedra (o pozos) de gran tamaño en las cercanías, que formaban una línea a lo largo de una antigua zona de "lago" que bordeaba el lugar sagrado. ¿Podrían estos pozos y el lago haber formado parte de un sistema de suministro de agua para los israelitas? La Biblia dice: "Moisés… edificó un altar al pie del monte, y doce columnas, según las doce tribus de Israel" (Éxodo 24:4). En la base de Jebel el Lawz, los arqueólogos encontraron un altar similar al altar de piedra "sin labrar" mencionado en Éxodo (Éxodo 20:25; 24:4). Junto al altar había una estructura en forma de L con paredes de aproximadamente un metro de grosor. ¿Era esta zona donde se mataban animales antes de ser sacrificados como holocausto? Cerca de allí, los arqueólogos encontraron doce grandes rocas de granito de aproximadamente seis pies de ancho y nueve pies de alto (dos metros de ancho y dos metros de alto). A unos dos kilómetros del lugar sagrado, descubrieron un gran altar de piedra con tallas de dioses egipcios de la fertilidad animal. Si los israelitas hicieron estos grabados, tiene sentido que representaran a dioses egipcios, ya que una vez vivieron en Egipto.

¿Dónde está el monte Sinaí?

Observa un atlas y describe dónde se encuentra Arabia Saudita.

....
....
....
....
....
....

¿Qué opinas? ¿Podría ser Jebel el Lawz el monte Sinaí bíblico?

....
....
....

Lee el pasaje de la página anterior e investiga por tu cuenta. ¿Qué evidencia han encontrado los arqueólogos que sugiere que Jebel el Lawz podría ser el monte Sinaí bíblico?

....
....
....
....
....
....
....

Descubriendo el alfabeto paleohebreo

La mayoría de los estudiosos de lenguas modernas rastrean el alfabeto inglés hasta el alfabeto fenicio del siglo X a. C. Este alfabeto estaba compuesto por imágenes y es muy similar a la escritura paleohebrea, utilizada unos 1,000 años antes. Los antiguos israelitas utilizaban la escritura paleohebrea para plasmar sus costumbres y escrituras. Algunos se preguntan si esta podría ser la escritura que Elohim usó para grabar las tablas de piedra del monte Sinaí. ¿Sabías que se han encontrado inscripciones paleohebreas cerca de Jebel el Lawz en Arabia Saudita? Algunos arqueólogos creen que este podría ser el verdadero emplazamiento del monte Sinaí bíblico. ¿Qué opinas?

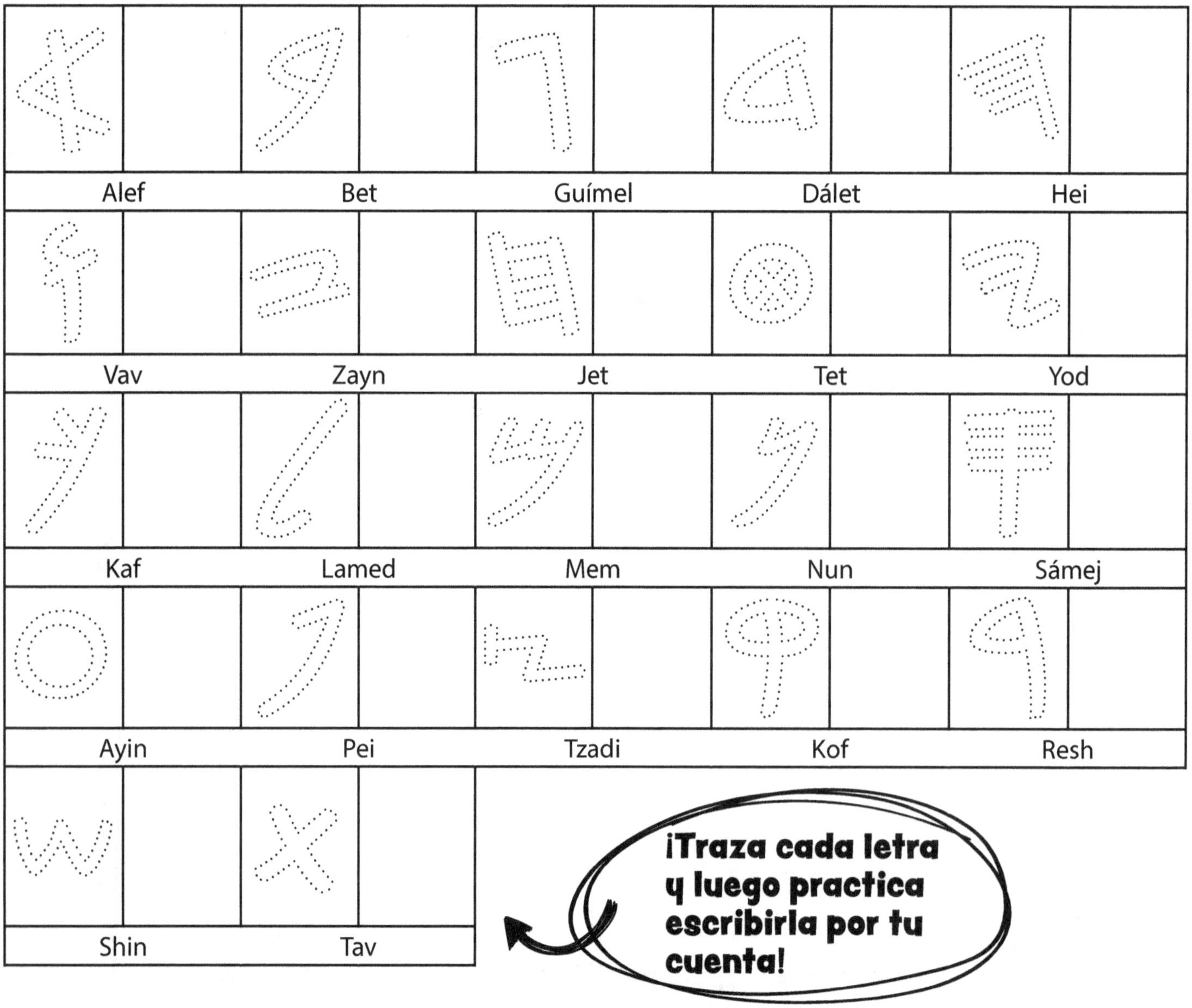
Alef
Bet
Guímel
Dálet
Hei
Vav
Zayn
Jet
Tet
Yod
Kaf
Lamed
Mem
Nun
Sámej
Ayin
Pei
Tzadi
Kof
Resh
Shin
Tav

¡Traza cada letra y luego practica escribirla por tu cuenta!

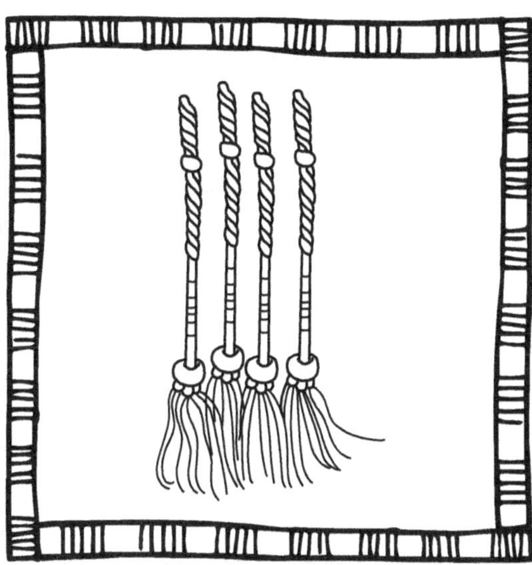

Yah le dijo a Moisés: "Habla a los hijos de Israel, y diles que se hagan franjas en los bordes de sus vestidos, por sus generaciones...".

Lee Números 15 y Deuteronomio 22. ¿Por qué los israelitas empezaron a usar tzitzit (borlas)? ¿Qué representan los tzitzit?

"Acuérdate del Sabbat para santificarlo".

(Éxodo 20:8)

El SABBAT

Lee Génesis 2, Éxodo 31, Deuteronomio 5, Levítico 23-24, Isaías 58, Salmo 118, Jeremías 17 y 2 Crónicas 2. Encuentra y encierra en un círculo las siguientes palabras.

```
C D S H R A C Y E S H U A A A
I Y S É A T C C B R L U W F E
S V J Y P P T C T V C L G X V
E A O L N T A M C H W F X R E
Z T B L R Z I R U I D F U E L
C G E B B F J M T P Z O R G B
M I Z R A K B L O A P R Q O E
F S K L N T R T L D R R T C N
L B J V E O S A K T Í I C I D
R U Z D E L E I T E G A B J I
Q T O R Á C H R E G I Z T A T
A M J N T U N F Z F L T X R O
T I E M P O D E S I G N A D O
D V R G L J P S A N T O R E R
M M A N D A M I E N T O W S H
```

DELEITE

SANTO

APARTAR

BENDITO

ETERNO

TORÁ

REGOCIJAR

SÉPTIMO DÍA

MANDAMIENTO

SABBAT

YESHUA

TIEMPO DESIGNADO

¿QUÉ SON LOS ALTOS SABBATS?

¿Hay días en el calendario de Yah, además del Sabbat semanal, que se observen como Sabbats? ¡Sí! Yah apartó días especiales llamados Tiempos Designados para que el pueblo de Israel los observara eternamente (Levítico 23). Estos incluyen los días conocidos como Altos Sabbats, que son diferentes del Sabbat semanal regular.

LAS FIESTAS DE PRIMAVERA

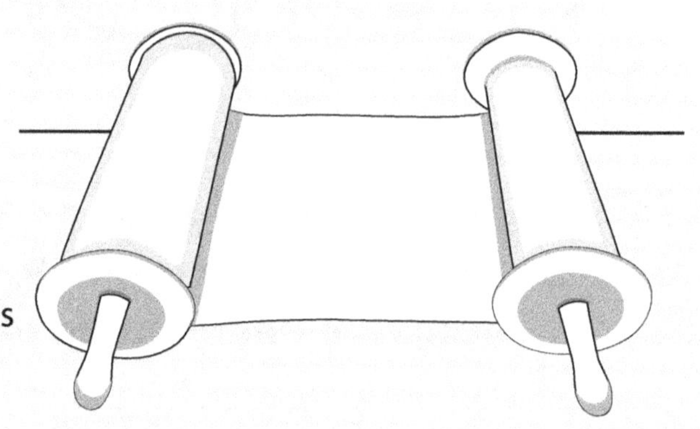

La Fiesta de los Panes sin Levadura (Chag Ha-Matzot) comienza con la comida de Pascua y dura siete días. El primer y el séptimo día de esta fiesta son Altos Sabbats. En estos días, no se permite el trabajo regular. La Fiesta de Pentecostés (Shavu'ot) se celebra 50 días después del Día de las Primicias. Era un momento para agradecer la cosecha de cereales y también es un Alto Sabbat.

LAS FIESTAS DE OTOÑO

La Fiesta de las Trompetas (Yom Teru'ah) se celebra el primer día del séptimo mes. Es un Alto Sabbat, aunque no cae el séptimo día de la semana. El Día de la Expiación (Yom Kippur) se celebra el décimo día del séptimo mes. Es un Alto Sabbat y un día de descanso absoluto. La Fiesta de los Tabernáculos (Sukkot) dura siete días. El primer día es un Alto Sabbat, y el octavo, conocido como el Último Gran Día (Shemini Atzeret), también es un Alto Sabbat.

¿Cómo el honrar los Tiempos Designados de Dios ayuda a las personas a recordar Sus instrucciones y promesas?

....

....

....

....

¡Empareja las fiestas!

Lee Levítico 23 y la lista de Tiempos Designados semanales y anuales a continuación.
Luego, traza una línea para unir cada Tiempo Designado con su acción.

Los Tiempos Designados de Yah

Acción

El día de Sabbat

Los israelitas dan gracias por la cosecha 50 días después de la ofrenda mecida.

La cena de Pascua y los Panes sin Levadura (Nisan 14-20)

Yah designa este tiempo semanal para descansar y adorar.

Pentecostés (Sivan 6-7)

Representa el reinado de los mil años en la tierra.

Trompetas (Tishri 1)

Yah libera a los israelitas de Egipto y comen matzá durante siete días. Esta fiesta incluye dos Altos Sabbats: uno el día 1 y otro el día 7.

Expiación (Tishri 10)

Los israelitas tocan el shofar para conmemorar el arrepentimiento, la preparación y el reinado de Yah.

Tabernáculos (Tishri 15-21)

Los israelitas ayunan (aflicción) y se arrepienten.

Shemini Atzeret (Tishri 22)

¡Una celebración de bodas! Los israelitas viven en refugios temporales para recordar su travesía por el desierto.

Los Tiempos Designado DE LA BIBLA

Lee Éxodo 13 y 23, Levítico 23, Deuteronomio 5, 1 Reyes 8, Hechos 2 y 27. Responde las siguientes preguntas.

1. ¿Qué dice la Biblia que se debe hacer en Sabbat?

2. ¿Qué tipo de pan comen los israelitas durante la Fiesta de los Panes sin Levadura?

3. ¿Al comienzo de qué fiesta se celebra la Pascua?

4. ¿Qué comieron los israelitas durante la primera Pascua?

5. ¿De qué se llenaron los apóstoles en Shavu'ot (Pentecostés)?

6. ¿Cuáles tres Tiempos Designados son festividades bíblicas de peregrinación?

7. ¿Qué Tiempo Designado mencionó Pablo en Hechos 27:9?

8. ¿En qué Tiempo Designado se toca el shofar?

9. ¿Durante qué Tiempo Designado dedicó Salomón el templo?

10. ¿Durante qué Tiempo Designado se les indicó a los israelitas que habitaran en refugios temporales?

¿Cuándo comienza Sukkot?

Lee Levítico 23:34. La Biblia nos dice exactamente cuándo comienza la Fiesta de Sukkot. ¿Lo sabes? Cada número a continuación representa una letra del alfabeto (A = 1, B = 2, etc.). Reemplaza cada número con su letra para descubrir qué dice Levítico 23:34 sobre este Tiempo Designado.

A	B	C	D	E	F	G	H	I	J	K	L	M
1	2	3	4	5	6	7	8	9	10	11	12	13

N	O	P	Q	R	S	T	U	V	W	X	Y	Z
14	15	16	17	18	19	20	21	22	23	24	25	26

1 5 – 12:

2 4 – 9 – 1:

3 17 – 21 – 9 – 14 – 3 – 5:

4 4 – 5 – 12:

5 19 – 5 – 16 – 20 – 9 – 13 – 15:

6 13 – 5 – 19:

Construyendo el TABERNÁCULO

Lee Éxodo 26:1-31:18. Responde las siguientes preguntas.

1. ¿Quién fue el primer sumo sacerdote?

2. ¿Cuál era el propósito del tabernáculo?

3. ¿Dónde se ubicaba el propiciatorio?

4. ¿De qué material estaba hecho el propiciatorio?

5. ¿De qué tribu de Israel se elegían los sacerdotes?

6. ¿Qué dos hombres fueron los encargados de construir el tabernáculo?

7. ¿En qué libro de la Torá se encuentran instrucciones para construir el tabernáculo?

8. ¿Qué aceite se usaba para mantener encendidas las lámparas del tabernáculo?

9. ¿Cuál era el propósito del altar de bronce?

10. ¿De qué tipo de madera estaba hecha el arca de la alianza?

Dios les pidió a los israelitas que dieran ofrendas para construir el tabernáculo. Lee Éxodo 25:1-9. Dibuja una selección de las ofrendas que los israelitas llevaron para contribuir a la construcción del tabernáculo. Escribe el nombre de cada ofrenda debajo de tu dibujo.

El tabernáculo

Los israelitas fabricaron muebles especiales para el tabernáculo.
Recorta los muebles y colócalos en el tabernáculo.

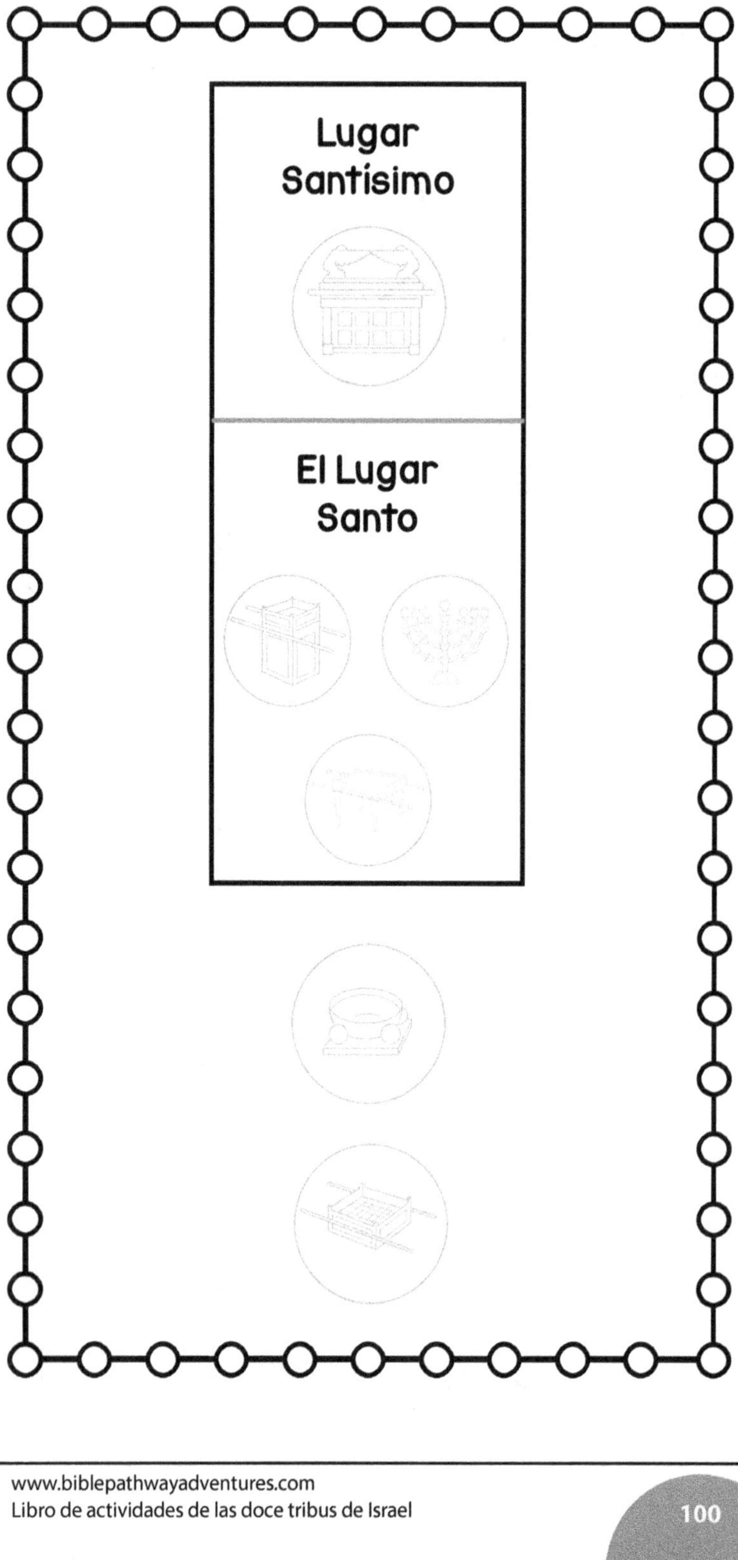

Lugar Santísimo

El Lugar Santo

Arca de la alianza

Altar de incienso

Menorá

Mesa de los panes de la proposición

Lavatorio

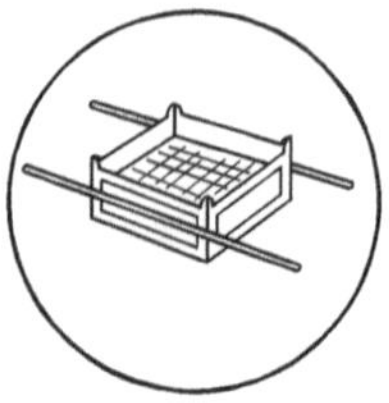

Altar de holocaustos

El tabernáculo

El tabernáculo era un lugar sagrado donde Yah se reunía con los israelitas durante los cuarenta años que vivieron en el desierto. Representaba Su trono en la tierra y simbolizaba Su morada entre Su pueblo. Era aquí donde los israelitas se reunían para adorar a Yah y ofrecer sacrificios. El tabernáculo era una estructura similar a una tienda cubierta con pieles de animales y rodeada por una cerca de lino blanco. El tabernáculo estaba dividido en dos lugares: el Lugar Santo y el Lugar Santísimo, y solo los sacerdotes podían entrar en estas áreas. Todos los muebles del Lugar Santo eran de oro, tal como Yah había ordenado.

Los levitas eran los encargados de transportar el tabernáculo e instalarlo dondequiera que los israelitas acamparan. Cuando los levitas erigían el tabernáculo, lo colocaban en el centro del campamento. Moisés, Aarón y los sacerdotes acampaban en el lado este, junto a la entrada, y las demás tribus de Israel se agrupaban en cuatro campamentos alrededor de la cerca exterior del tabernáculo.

Lee Éxodo 26:1–31:18. Responde las siguientes preguntas.

1. ¿Cuál era el propósito del tabernáculo?

2. ¿Qué dos hombres fueron los encargados de construir el tabernáculo?

3. ¿Qué aceite se usaba para mantener encendidas las lámparas del tabernáculo?

4. ¿Cuál era el propósito del altar de bronce?

5. ¿Dónde se ubicaba el propiciatorio?

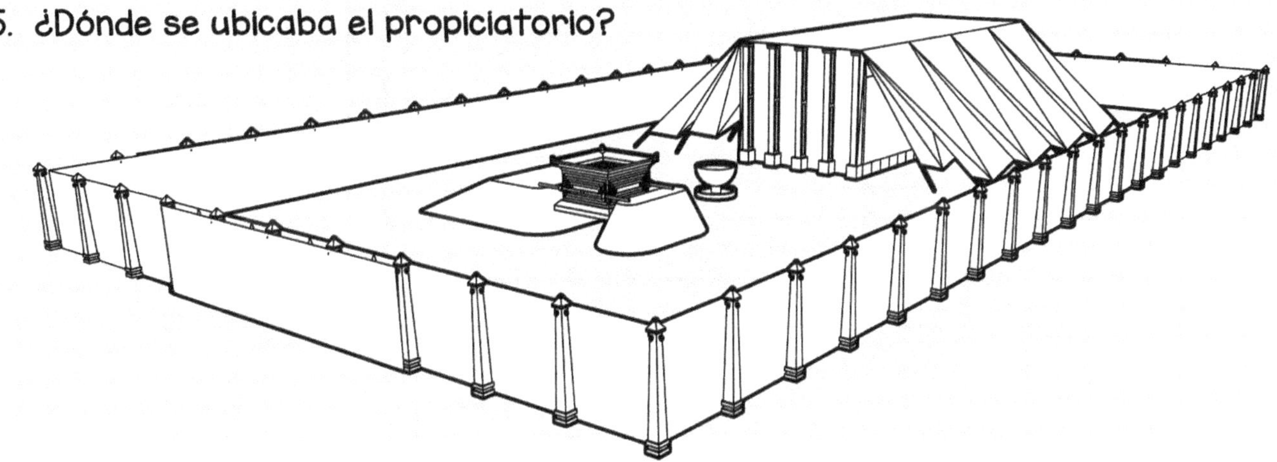

Después de que los israelitas construyeran el tabernáculo en el desierto, lo dedicaron a Yah. Durante doce días, cada tribu llevó ofrendas. Imagina que eres miembro de una de las doce tribus de Israel. Lee Números 7:1–8:26 y completa la hoja de trabajo a continuación.

¿QUÉ HIZO MOISÉS?

¿QUÉ HIZO TU TRIBU?

LAS INSTRUCCIONES DE YAH

Ofrendas tribales

En el desierto, cada una de las doce tribus de Israel llevó una ofrenda
para la dedicación del altar. Lee Números 7 y completa la tabla
con el nombre de la tribu y un resumen de sus ofrendas.

DÍA 1
Tribu: ....

Regalos: ....

....

....

DÍA 2
Tribu: ....

Regalos: ....

....

....

DÍA 3
Tribu: ....

Regalos: ....

....

....

DÍA 4
Tribu: ....

Regalos: ....

....

....

DÍA 5
Tribu: ....

Regalos: ....

....

....

DÍA 6
Tribu: ....

Regalos: ....

....

....

DÍA 7
Tribu: ....

Regalos: ....

....

....

DÍA 8
Tribu: ....

Regalos: ....

....

....

DÍA 9
Tribu: ....

Regalos: ....

....

....

DÍA 10
Tribu: ....

Regalos: ....

....

....

DÍA 11
Tribu: ....

Regalos: ....

....

....

DÍA 12
Tribu: ....

Regalos: ....

....

....

Empareja los líderes tribales

Lee Números 7. Cada líder tribal llevó ofrendas ante Yah. Dibuja una línea para unir cada tribu con su líder. Luego, dibuja una ofrenda tribal en el espacio de abajo.

TRIBU	LÍDER
1. Judá	Eliasaf
2. Isacar	Abidán
3. Zabulón	Natanael
4. Rubén	Pagiel
5. Simeón	Elisur
6. Gad	Naasón
7. Efraín	Gamaliel
8. Manasés	Selumiel
9. Benjamín	Elisama
10. Dan	Ahiezer
11. Aser	Eliab
12. Neftalí	Ahira

Dibuja una ofrenda tribal.

Lugar Santísimo

La sala conocida como el Lugar Santísimo era el área más sagrada del tabernáculo (y del futuro templo de Jerusalén). Estaba separada del resto del tabernáculo por el velo, una pesada cortina hecha de lino fino e hilo azul, púrpura y escarlata, bordada con querubines de oro. Nadie podía entrar excepto el sumo sacerdote e incluso él solo podía entrar una vez al año, en el Día de la Expiación (Yom Kippur), para ofrecer la sangre del sacrificio y el incienso ante el propiciatorio. De esta manera, el sumo sacerdote expiaba sus propios pecados y los del pueblo. Esto era un presagio de Yeshua, quien se convertiría en el Sumo Sacerdote de todos.

El Lugar Santísimo contenía el arca de la alianza, hecha de oro puro, con dos querubines custodiando el propiciatorio. En su interior se encontraban las dos tablas de piedra con los mandamientos de Dios grabados, la vara de almendro florecida de Aarón (Números 17:8) y una vasija de maná (Hebreos 9:4). El arca estaba cubierta con una tapa de oro puro (Éxodo 37:6), conocida como el propiciatorio.

1. Lee Levítico 23. ¿Qué instruyó Dios a los israelitas que hicieran cada año en el Día de la Expiación (Yom Kippur)?

....

....

2. Encuentra dos versículos bíblicos en Éxodo 25 que mencionen el propiciatorio.

....

....

El arca de la alianza

Lee Éxodo 25:1-22. Este pasaje bíblico describe las medidas del arca y el propiciatorio.
Completa los espacios en blanco a continuación. Colorea el arca.

Medidas del propiciatorio:

.... de largo

.... de ancho

Medidas del arca:

.... de largo

.... de ancho

.... de alto

El arca y sus varas estaban hechas de ....

El arca y sus varas estaban recubiertas con ....

Los anillos, el propiciatorio y los querubines estaban hechos de ....

Había .... querubines, ... anillos y .... varas.

El .... se guardaba dentro del arca..

"En aquel tiempo apartó Yah la tribu de Leví para que llevase el arca del pacto..."

(Deuteronomio 10:8)

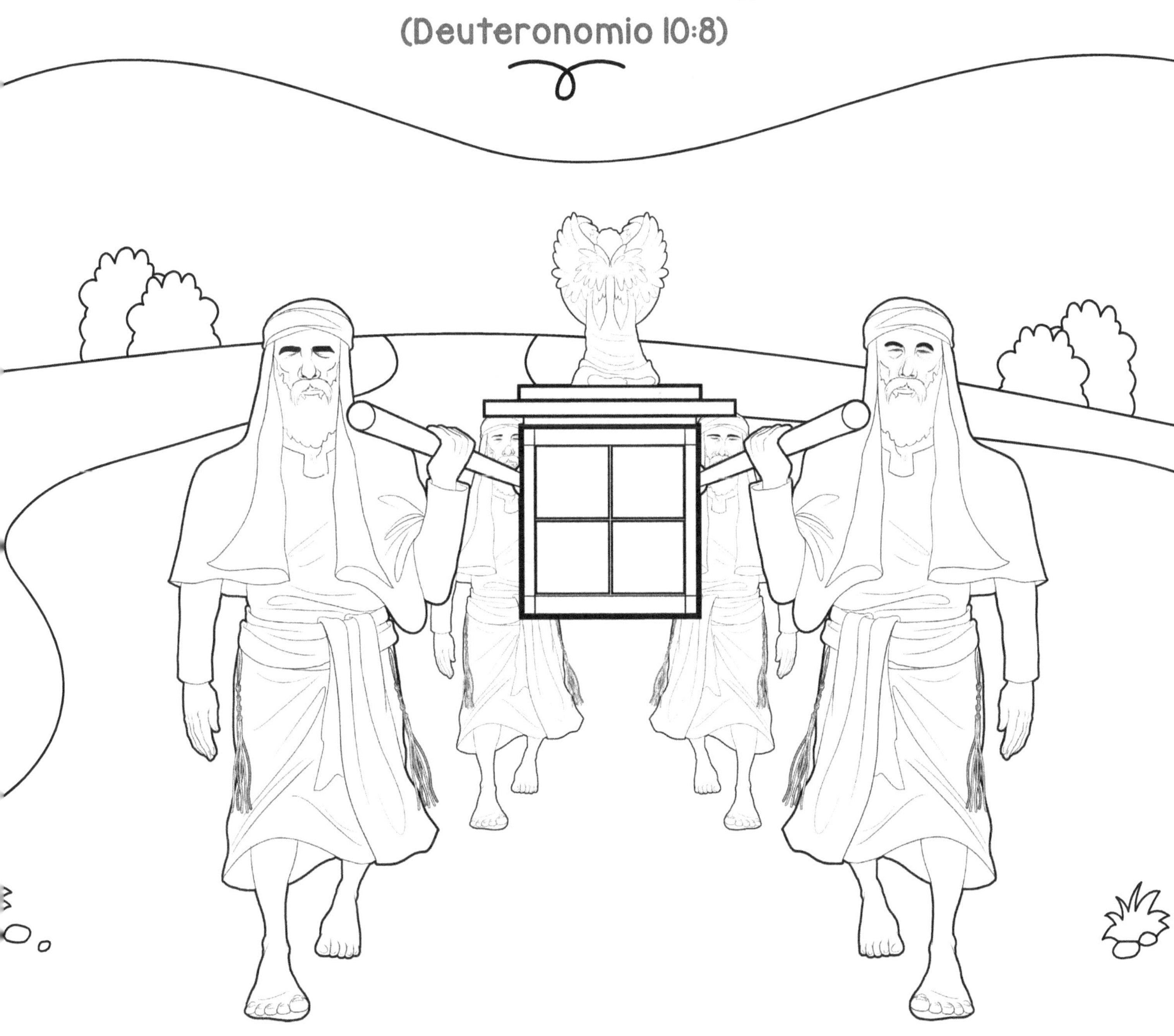

ecaProlt	....	nturbeta	....
doef	....	jaaf	....
notam	....	inlo	....
cntuiónr	....	paiedrs ed óneic	....

✱ Lee sobre las vestimentas de los sacerdotes israelitas en Éxodo 28:1-43.

El pectoral del sumo sacerdote

Éxodo 28 describe el pectoral del sumo sacerdote.
Lee este capítulo y responde las siguientes preguntas.

Etiqueta lo siguiente:

(a) Cadenas de oro puro (2)
(b) Anillos (4)
(c) Cadenas trenzadas de
    obra de cordón (2)
(d) Engastes de piedras (12)

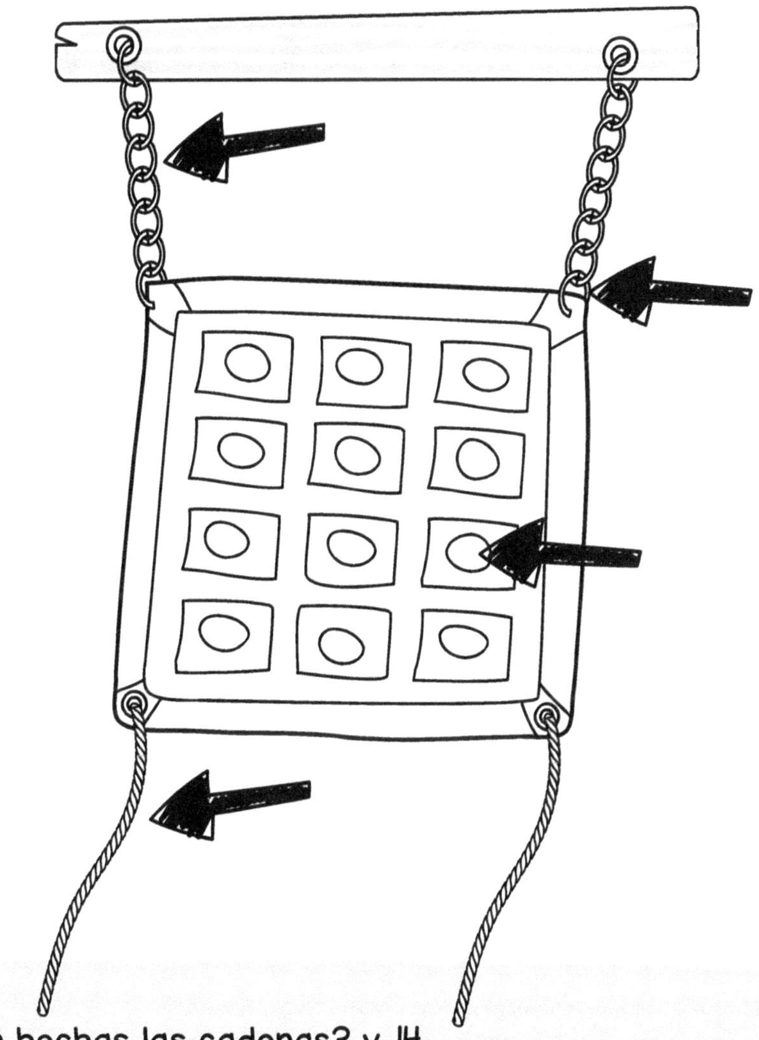

¿De qué estaba hecho el
pectoral?

1. ....   4. ....

2. ....   5. ....

3. ....

¿De qué metal estaban hechas las cadenas? v. 14

....

¿Qué forma tenía el pectoral? v. 16

....

¿Qué estaba escrito en cada piedra? v. 21

....

AZUL DE PRUSIA

Las vestiduras del sumo sacerdote se tejían con un hilo azul intenso y profundo. Este color especial, conocido hoy como azul de Prusia, se elaboraba con una mezcla de ceniza y sangre procedente de los sacrificios animales y una sustancia química llamada cianuro, presente en las semillas de almendra.

Algunos se preguntan si este mismo color podría volver a usarse en el futuro. ¿Podría Yeshua, quien también es nuestro Sumo Sacerdote, usar los objetos sagrados del arca de la alianza, como la rama de almendro, las tablas de piedra y el maná, junto con su propia sangre, para preparar las vestiduras que usará cuando regrese a reinar en la tierra? "Y miré, y vi que en medio del trono… estaba en pie un Cordero como inmolado…" (Apocalipsis 5:6).

Responde las preguntas:

1. ¿Qué es el azul de Prusia y cómo se hacía?

   ....

   ....

2. ¿Por qué crees que el sumo sacerdote vestía este color?

   ....

   ....

3. ¿Qué objetos se colocaron dentro del arca de la alianza?

   ....

   ....

Traza y dibuja la túnica del sumo sacerdote. Recuerda incluir el pectoral, el cinto y las campanillas doradas.

Espías en Canaán

Moisés envió doce espías, uno de cada tribu de Israel, a explorar la tierra de Canaán. Al regresar, dieron informes diferentes. Lee Números 13-14. Decide qué afirmaciones demuestran fe y cuáles temor. Escribe cada afirmación en el recuadro correcto, incluye quién la dijo y luego explica por qué crees que cada una demuestra fe o miedo.

Fe

Miedo

No podemos luchar contra ellos. Son más fuertes que nosotros.

Elijamos un líder y regresemos a Egipto.

Nos sentíamos como saltamontes junto a ellos.

La tierra que exploramos es buena. ¡Podemos lograrlo!

Si Yah se complace en nosotros, nos dará la tierra.

No teman a la gente de esa tierra.

Gigantes en la tierra

Según la Biblia, existían gigantes llamados nefilim, conocidos por ser muy grandes y fuertes, pero también violentos y malvados (Génesis 6:1-4). ¡Algunos eran tan enormes que podían alcanzar 20 pies (seis metros) de altura! Esqueletos encontrados en lugares de Francia y Estados Unidos (específicamente en California) sugieren su posible altura; algunos incluso tenían dos hileras de dientes o seis dedos en las manos y los pies. El gigante más famoso de la Biblia fue Goliat, que medía más de nueve pies (dos metros y medio). Su armadura era tan pesada que solo su abrigo pesaba más de 150 libras (70 kilos). Lee Génesis 6 y Números 13, y responde las preguntas.

1. ¿Quiénes eran los nefilim y dónde dijeron los espías haberlos visto?

    ....

    ....

2. ¿Cómo cambió el informe de los espías sobre los nefilim los planes de los israelitas?

    ....

    ....

3. ¿Qué dijeron Caleb y Josué sobre la tierra de Canaán, a pesar de que allí había nefilim?

    ....

    ....

Coré se REBELA

Lee Números 16:1-50. Completa el siguiente crucigrama.

HORIZONTAL

3) "_____ de en medio de esta congregación…"

8) Toda la _____ de Israel murmuró contra Moisés y Aarón.

9) Una _____ entró en el campamento y mató a 14,700 personas.

VERTICAL

1) Y todo el pueblo de Coré descendió vivo al _____.

2) Coré desafió la autoridad de _____ y Moisés.

4) Coré fue delante de Moisés con Datán, On y _____.

5) La tierra abrió su boca y los _____.

6) La nube cubrió el tabernáculo de _____ y apareció la gloria de Dios.

7) "Apartaos ahora de las _____ de estos hombres impíos, y no toquéis ninguna cosa suya…"

10) " …esto os baste, hijos de _____…"

Los israelitas se quejan

Coré, Datán, Abiram y otros 250 líderes israelitas creían que Moisés y Aarón actuaban como si fueran más importantes que los demás. Acudieron a Moisés y Aarón para quejarse de su liderazgo. Lee Números 16:1-14 y escribe lo que les dijeron los rebeldes durante estas conversaciones. Completa la actividad añadiendo expresiones faciales a los hombres y etiquetándolos con sus nombres.

La vara de Aarón FLORECE

Lee Números 17:1-13. Responde las siguientes preguntas.

1. "Habla __ _______ __ Israel y obtén de ellos varas, una por cada casa paterna".

2. ¿Qué instrucciones le dio Dios a Moisés sobre las varas?

3. ¿De quién era el nombre escrito en la vara para la tribu de Leví?

4. ¿Cuántas varas fueron llevadas al tabernáculo?

5. ¿Qué milagro le ocurrió a la vara de Aarón de la noche a la mañana?

6. ¿Qué les demostró a los israelitas que la vara de Aarón floreciera?

7. ¿Dónde floreció la vara de Aarón?

8. ¿Dónde le dijo Dios a Moisés que colocara la vara de Aarón después de que floreciera?

9. ¿Por qué se colocó la vara de Aarón delante del arca de la alianza?

10. ¿Qué lección aprendiste de la historia de la vara de Aarón?

La casa de Leví

La historia del florecimiento de la vara de Aarón muestra cómo Yah demostró a los israelitas que había elegido a Aarón como sumo sacerdote. Lee Números 17:1-13 y narra la historia con tus propias palabras. Luego, completa la imagen.

....

....

....

....

....

....

....

¿Quién fue Balaam?

Lee Números 22:1-25:9 y 31:1-54. Completa la hoja de trabajo a continuación.

Balaam es más famoso por:

....

El rey Balac le pidió a Balaam que:

....

El ángel de Dios le dijo a Balaam:

....

Balaam bendijo a Israel:

1. ....

2. ....

3. ....

Para derrotar a los israelitas, Balaam les dijo a los moabitas que:

....

....

Infidelidad espiritual

En la Biblia, Yah comparó al pueblo de Israel con una joven esposa, criada para honrarlo como Su esposo mediante un pacto. Les dio a los israelitas instrucciones claras que seguir, pero a lo largo del Antiguo Testamento (Tanakh), a menudo desobedecieron. En lugar de permanecer fieles a Yah, los israelitas siguieron las prácticas impías de sus vecinos, como los cananeos (Números 25:1-9). Los mismos rituales y costumbres que los paganos usaban para adorar a dioses falsos fueron utilizados por los israelitas para adorar a Yah, el Dios verdadero. Yah comparó este comportamiento con una esposa desleal que comete adulterio, llamándolo infidelidad espiritual.

¿Te has preguntado alguna vez por qué Yah estaba descontento con Balaam? Balaam enseñó al rey Balac cómo engañar a los hombres de Israel para que pecaran contra Yah (Números 31:16). Le ordenó al rey que enviara mujeres cananeas que adoraban a otros dioses para tentar a los israelitas. Balaam sabía que si los hombres seguían a estas mujeres y su falsa adoración, olvidarían los mandatos de Yah. Sin obediencia, los israelitas se debilitarían y serían derrotados.

1. ¿Cómo cometieron infidelidad espiritual los israelitas?

   ....

2. ¿Cómo puedes cometer infidelidad espiritual hoy?

   ....

3. Lee Santiago 4:4. Escribe escritura abajo.

   ....

   ....

¿LO SABÍAS?

Por qué Moisés no pudo entrar en la tierra prometida

Moisés guio a los israelitas por el desierto durante 40 años. Pero cuando finalmente llegaron al límite de la tierra prometida, Yah no le permitió entrar. ¿Por qué? Anteriormente, en un lugar llamado Meriba, los israelitas tenían sed y comenzaron a quejarse. Yah le dijo a Moisés que hablara a la roca para que brotara agua. Pero en lugar de eso, Moisés dijo: "Escuchen ahora, rebeldes: ¿les sacaremos agua de esta roca?". Luego golpeó la roca dos veces con su vara. Yah no estaba contento porque Moisés no lo honraba a Él como santo (apartado) ante los israelitas. Yah dijo: "Por cuanto no creísteis en Mí, para santificarme delante de los hijos de Israel, por tanto, no meteréis esta congregación en la tierra que les he dado" (Números 20:12).

Moisés subió al monte Nebo. Desde allí, Yah le mostró la tierra a la que pronto entrarían los israelitas. Entonces Moisés murió en la tierra de Moab. Tenía 120 años.

Dios eligió a Josué para guiar a los israelitas a través del río Jordán hacia la tierra prometida.

PIÉNSALO

¿Por qué crees que Yah eligió a Josué para guiar
a los israelitas a la tierra prometida?

....

....

Un líder fiel

Lee Éxodo 1, 24; Números 13-14, 27; Deuteronomio 1, 34;
Josué 1, 6, 11, 24 y el artículo a continuación. Responde la pregunta.

Josué nació en la tierra de Egipto durante la época de la esclavitud de los israelitas (Éxodo 1:13-14). Pertenecía a la tribu de Efraín, una de las doce tribus de Israel (Números 13:8). De joven, se convirtió en asistente de Moisés, el líder que Yah escogió para liberar a los israelitas de la esclavitud. Durante los 40 años que los israelitas vagaron por el desierto, Josué se mantuvo fiel a Moisés. Siguió a Yah fielmente y fue uno de los pocos que confió en la promesa de Yah de darles a los israelitas la tierra prometida (Deuteronomio 1:36-38).

Cuando Moisés envió a doce espías a explorar la tierra de Canaán (Números 13:1-3), Josué y Caleb fueron los únicos que creyeron que Yah les ayudaría a conquistarla (Números 14:6-9). Debido a su fe, Yah dijo que Josué y Caleb vivirían para ver la tierra prometida, mientras que muchos otros no lo harían (Números 14:30). Mientras Moisés aún vivía, Yah le dijo que nombrara a Josué como el próximo líder de Israel (Números 27:18-23). Moisés impuso sus manos sobre Josué delante del pueblo, mostrando que Yah lo había elegido (Deuteronomio 34:9). Después de la muerte de Moisés, Josué condujo a los israelitas a la tierra prometida (Josué 1:1-2). Con la guía de Yah, lideró muchas batallas para derrotar a las naciones que vivían allí (Josué 11:23). Al final de su vida, Josué le dijo al pueblo: "…escogeos hoy a quién sirváis... Pero yo y mi casa serviremos a Yahweh" (Josué 24:15).

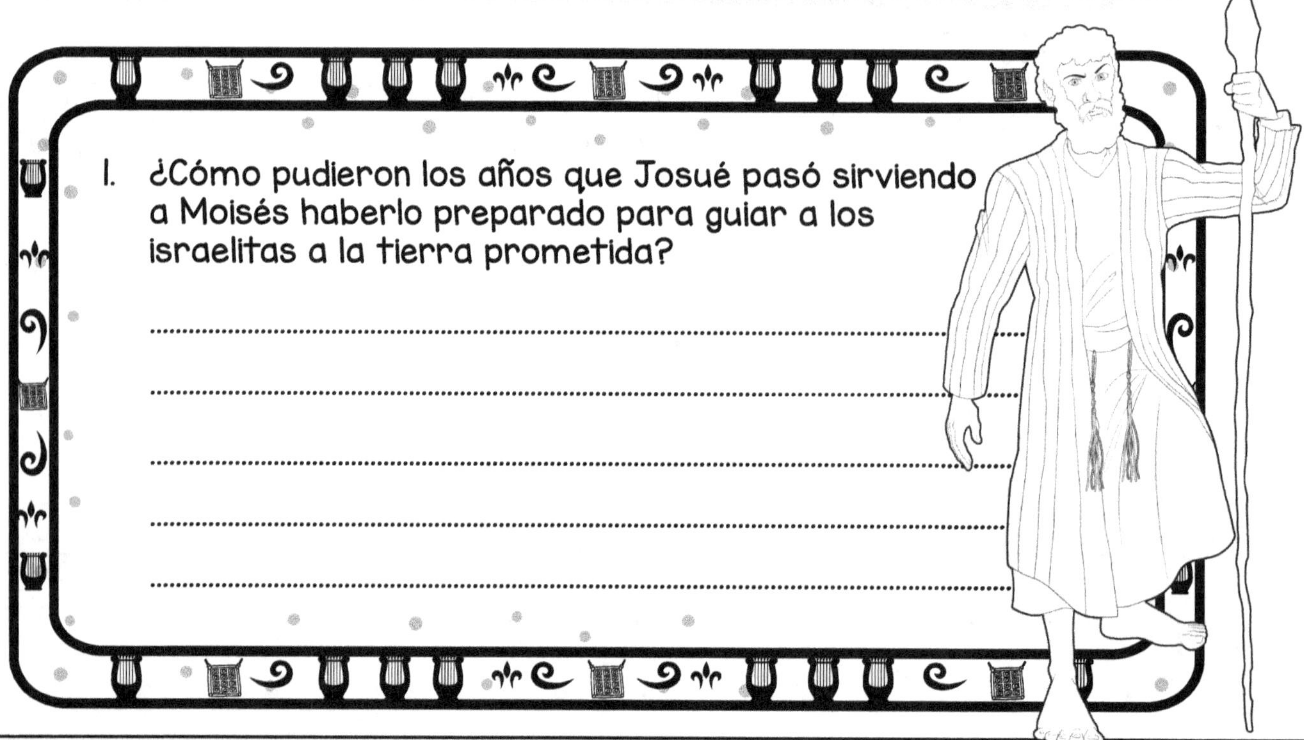

I. ¿Cómo pudieron los años que Josué pasó sirviendo a Moisés haberlo preparado para guiar a los israelitas a la tierra prometida?

Josué y la tierra prometida

Rahab esconde a los espías

Lee Josué 2:8-24 (RV1960). Usando las siguientes palabras,
rellena los espacios en blanco para completar el pasaje bíblico.

ASUNTO	CASA	CUERDA	MAR ROJO	MISERICORDIA	CIELOS
AGUAS	EGIPTO	JORDÁN	PADRE	MORADORES	ALIENTO

" Antes que ellos se durmiesen, Rahab subió al terrado, y les dijo: "Sé que Dios os ha dado esta tierra; porque el temor de vosotros ha caído sobre nosotros, y todos los .... del país ya han desmayado por causa de vosotros. Porque hemos oído que Dios hizo secar las .... del .... delante de vosotros cuando salisteis de ...., y lo que habéis hecho a los dos reyes de los amorreos que estaban al otro lado del ...., a Sehón y a Og, a los cuales habéis destruido. Oyendo esto, ha desmayado nuestro corazón; ni ha quedado más .... en hombre alguno por causa de vosotros, porque Elohim vuestro Dios es Dios arriba en los .... y abajo en la tierra. Os ruego pues, ahora, que me juréis por el Señor, que como he hecho .... con vosotros, así la haréis vosotros con la .... de mi padre, de lo cual me daréis una señal segura; y que salvaréis la vida a mi .... y a mi madre, a mis hermanos y hermanas, y a todo lo que es suyo; y que libraréis nuestras vidas de la muerte". Ellos le respondieron: "Nuestra vida responderá por la vuestra, si no denunciareis este .... nuestro; y cuando Dios nos haya dado la tierra, nosotros haremos contigo misericordia y verdad". Entonces ella los hizo descender con una .... por la ventana. "

El río Jordán

Los israelitas cruzaron el río Jordán hacia Canaán para entrar en la tierra prometida. Utilizando internet o una enciclopedia, completa la siguiente hoja de trabajo.

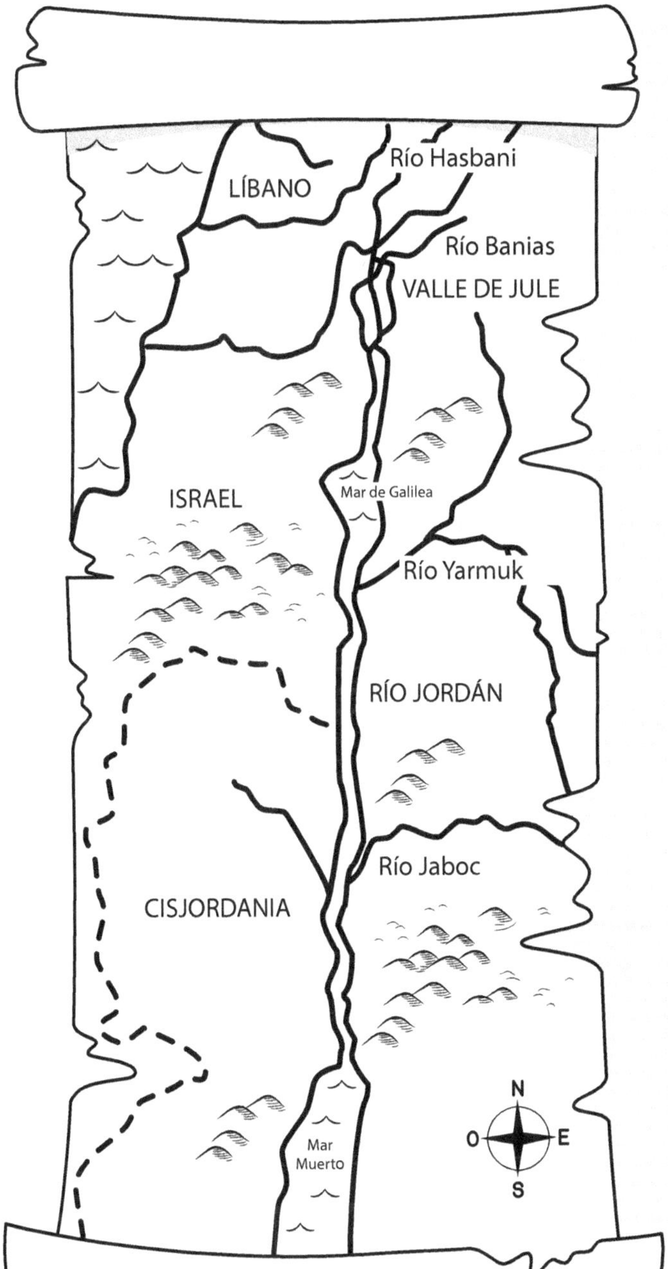

Longitud:

....

Comienza en:

....

Ubicación:

....

Dirección en la que fluye:

....

Dónde desemboca:

....

Importancia del valle del río Jordán para el antiguo Israel:

....

Dos famosas historias bíblicas que mencionan este río:

....

....

Pesach

El nombre hebreo de la Pascua es Pesach. Antes de que los israelitas salieran de Egipto, comían cordero, pan sin levadura y hierbas amargas. Esta comida formaba parte del plan de Dios para protegerlos de la plaga final. Cada año, debían celebrar la Pascua para recordar cómo Dios los liberó de la esclavitud en Egipto. Cuando los israelitas entraron en la tierra prometida, celebraron su primera Pascua en Canaán, acampados en Gilgal (Josué 5:10-12).

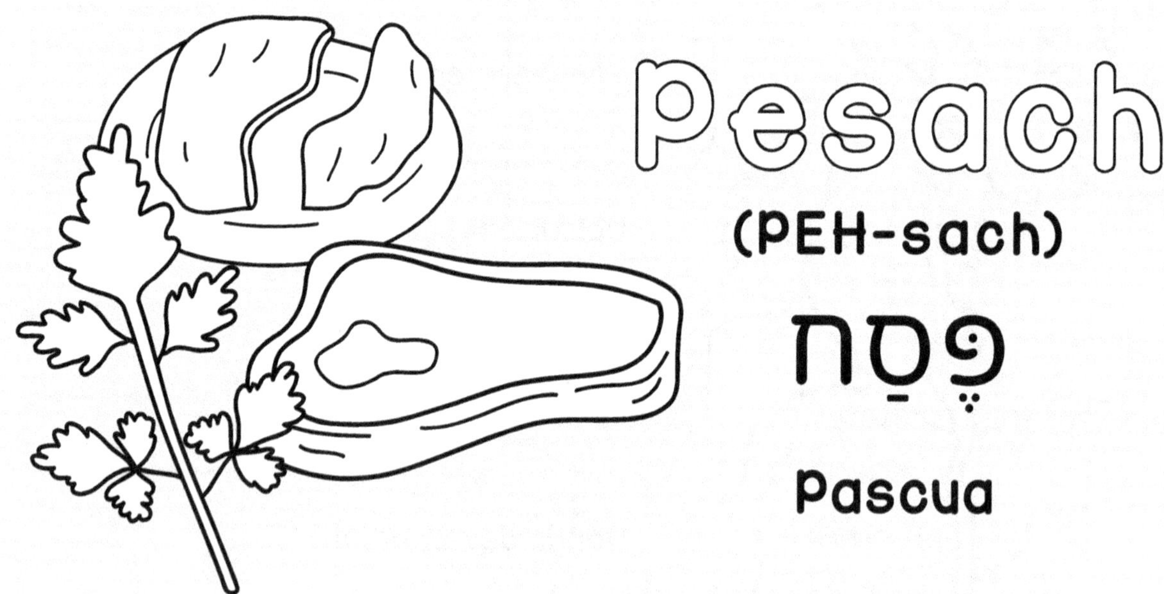

Traza la palabra hebrea aquí:

Escribe la palabra hebrea aquí:

¡Vamos a escribir!

Practica a escribir '"Pesach" en las líneas de abajo.

Inténtalo por tu cuenta.
Recuerda que el hebreo se lee de DERECHA a IZQUIERDA.

¿Por qué los israelitas celebraban la Pascua el día catorce del mes?

Israel cruza el Jordán

Lee Josué 3:1-17. Cuando los sacerdotes entraron en el río Jordán, ocurrió algo asombroso. Este milagro ayudó a los israelitas a cruzar a la tierra prometida. ¿Sabes qué fue? Cada número a continuación representa una letra del alfabeto (A = 1, B = 2, etc.). Reemplaza cada número con su letra para revelar el milagro.

A	B	C	D	E	F	G	H	I	J	K	L	M
1	2	3	4	5	6	7	8	9	10	11	12	13

N	O	P	Q	R	S	T	U	V	W	X	Y	Z
14	15	16	17	18	19	20	21	22	23	24	25	26

1. 5 – 12: _______________________

2. 1 – 7 – 21 – 1: _______________________

3. 4 – 5 – 10 – 15: _______________________

4. 4 – 5: _______________________

5. 6 – 12 – 21 – 9 – 18: _______________________

6. 25: _______________________

7. 5 – 12: _______________________

8. 18 – 9 – 15: _______________________

9. 19 – 5: _______________________

10. 4 – 9 – 22 – 9 – 4 – 9 – 15: _______________________

"Esfuérzate y sé valiente; porque tú repartirás a este pueblo por heredad la tierra de la cual juré a sus padres que la daría a ellos".

(Josué 1:6)

Instrucciones para la batalla

Lee Josué 5:13-6:5. Mientras Josué se encontraba cerca de Jericó, vio a un hombre con una espada en la mano. Lleno de valentía, Josué preguntó: "¿Estás de parte nuestra o de nuestros enemigos?". El hombre respondió: "Soy el comandante del ejército de Yah". Al darse cuenta de que no se trataba de un guerrero común, Josué se postró en tierra en adoración. "Quítate las sandalias", dijo el comandante, "esta es tierra santa". Mientras tanto, las puertas de Jericó estaban cerradas herméticamente. Pero Yah le dio a Josué una extraña orden: marchar alrededor de la ciudad una vez al día durante seis días. Al séptimo día, siete sacerdotes tocarían shofares y, tras un poderoso grito, las murallas caerían.

1. ¿Qué le ordenó el comandante del ejército de Yah a Josué que hiciera?

    ....

    ....

2. ¿Por qué crees que Yah usó este plan de batalla en lugar de atacar Jericó directamente?

    ....

El plan de batalla de Dios para
JERICÓ

Lee Josué 6:1-7. Dios le dio a Josué un plan especial para conquistar Jericó.
Escribe en cada recuadro lo que sucedió cada día.

DÍA 1	DÍA 2	DÍA 3	DÍA 4	DÍA 5	DÍA 6	DÍA 7
Marchad una vez, llevad shofares y el arca						

La batalla de Jericó

Lee Josué 6:15-20. ¿Qué sucedió el séptimo día?

¿Por qué crees que Josué hizo un juramento maldiciendo a cualquiera que reconstruyera Jericó?

¿Qué les pasó a Rahab y a su familia?

Si la batalla de Jericó fuera un libro, la portada se vería así…

La batalla de Jericó

Lee Josué 6:1-27 y revisa las diez oraciones a continuación. Cuentan la historia de la batalla de Jericó, ¡pero están desordenadas! Tu trabajo es poner las oraciones en el orden correcto escribiendo un número al lado de cada oración.

A. .... Cuando el pueblo oyó el sonido del shofar (trompeta), gritaron fuerte y el muro se derrumbó.

B. .... Al segundo día, marcharon alrededor de la ciudad una vez y regresaron a su campamento. Hicieron esto durante seis días.

C. .... Destruyeron todo lo que vivía en Jericó: la gente, el ganado, las ovejas y los burros.

D. .... Pusieron todos los objetos de plata, oro, bronce y hierro en el tesoro de la casa de Dios.

E. .... En ese momento, Josué les hizo hacer un juramento.

F. .... Los hombres rescataron a Rahab y a su familia.

G. .... Josué les dijo a los sacerdotes: "Lleven el arca de la alianza. Siete sacerdotes deben llevar shofares y marchar delante de ella".

H. .... Josué le dijo al pueblo: "Marchen alrededor de la ciudad y que los soldados armados caminen delante del arca de la alianza".

I. .... Al séptimo día, se despertaron al amanecer y marcharon alrededor de la ciudad siete veces.

J. .... Dios le dijo a Josué: "Te he entregado Jericó con su rey y sus valientes guerreros".

La batalla de Hai

Los israelitas atacaron primero la ciudad de Hai, pero fueron derrotados porque Acán desobedeció a Yah al quedarse con objetos de Jericó que debían ser destruidos. ¿Qué sucedió después? Lee Josué 7:1-8:29. Responde las preguntas a continuación.

¿Cómo actuaron infielmente los israelitas?

....

¿Por qué perdieron la primera guerra contra Hai?

....

¿Cuál fue la estrategia de Israel para tomar la ciudad de Hai?

....

¿Qué instrucciones le dio Yah a Josué durante la batalla de Hai?

....

¿Cuál fue el resultado de la batalla de Israel contra Hai?

....

JOSUÉ LEE EL PACTO

Tras una dura batalla y una lección sobre la obediencia a los mandatos de Yah, Josué condujo a los israelitas a un lugar llamado monte Ebal. Allí, construyó un altar con piedras que no habían sido talladas con herramientas, tal como Moisés había ordenado. Los israelitas ofrecieron holocaustos y ofrendas de paz en agradecimiento a Yah. Luego, Josué copió todas las palabras de la Torá en piedras para que todos pudieran leerlas.

 ## BENDICIONES Y MALDICIONES

Todos los israelitas se reunieron con los extranjeros que vivían entre ellos. La mitad del pueblo se situó frente al monte Gerizim y la otra mitad frente al monte Ebal. Josué leyó en voz alta cada palabra del pacto, incluyendo las bendiciones y las maldiciones. Lee Josué 7:1-8:35 y responde las siguientes preguntas.

 ## PIÉNSALO

1. ¿Por qué crees que Josué construyó un altar en el monte Ebal?

   ....

2. ¿Qué escribió Josué en las piedras?

   ....

3. Lee Deuteronomio 28:1-68. Enumera cinco bendiciones y cinco maldiciones que Yah promete a la Casa de Israel si obedecen o desobedecen Sus mandatos.

   ....

   ....

   ....

Los gabaonitas engañan a los israelitas

Los gabaonitas oyeron cómo Josué y los israelitas habían derrotado a Jericó y Hai. Temiendo por sus vidas, recurrieron a una astuta treta para hacer un pacto con Israel. Usa lo que sabes de Josué 9:1-27 para responder las preguntas.

Los gabaonitas fingieron ser viajeros de un país lejano.   ◯ **Verdadero** ◯ **Falso**

Antes de hacer un pacto con los gabaonitas, Josué pidió la guía de Yah.   ◯ **Verdadero** ◯ **Falso**

Se les ordenó a los israelitas que mataran a los gabaonitas por su engaño.   ◯ **Verdadero** ◯ **Falso**

Los gabaonitas trajeron pan fresco y ropa limpia para engañar a Josué.   ◯ **Verdadero** ◯ **Falso**

Los líderes de Israel juraron dejar vivir a los gabaonitas.   ◯ **Verdadero** ◯ **Falso**

Los gabaonitas se convirtieron en leñadores y aguadores para la congregación y el altar de Yah.   ◯ **Verdadero** ◯ **Falso**

El sol se paró en MEDIO DEL CIELO

Lee Josué 10:1-28.

Encuentra y encierra en un círculo las siguientes palabras.

```
A D O N I S E D E C Q J W S H
B W Y S D D H T X I K A T O G
B L G K S E O L H U W T W L I
W H Q W F I R O E P A A S V I
P L J Q N K R R W Q R C O O Y
A J A L Ó N H V O B G A W W D
B R J J U W K D K T C R I C H
Y D K Y C N N S F Q A F O G S
W M Z R G R A N I Z O R G A I
P N C T K X L D R N X P A B S
N V I C T O R I A L D U N A R
P A D G H C W V W I X Q O Ó A
S N I I P V W K R J X Z N N E
X G Z K J G I L G A L D U Y L
K R E Y E S A M O R I T A S M
```

GILGAL

ATACAR

SOL

DERROTAR

REYES AMORITAS

LUNA

AJALÓN

VICTORIA

GRANIZO

ISRAEL

GABAÓN

ADONISEDEC

Ciudades de REFUGIO

Lee Números 35:1-34. Responde las siguientes preguntas.

1. ¿Dónde acamparon los israelitas cuando Dios le habló a Moisés?

2. ¿A quién les ordenó Dios que les dieran ciudades?

3. ¿Para qué usaban los levitas las ciudades y los pastos?

4. ¿Cuántas ciudades en total debían dar los israelitas a los levitas?

5. ¿Cómo se llamaban las seis ciudades especiales?

6. ¿Por qué eran importantes las ciudades de refugio?

7. ¿Quién podía huir a una ciudad de refugio?

8. ¿Cuánto tiempo podía alguien permanecer en una ciudad de refugio?

9. ¿Cuál era la diferencia entre asesinato y homicidio accidental, según las reglas de Dios?

10. ¿Qué les recordó Dios a los israelitas sobre mantener la tierra santa (apartada)?

Ciudades de refugio

Dios dio a los israelitas instrucciones para crear seis ciudades de refugio al llegar a la tierra de Canaán. Estas ciudades fueron reservadas como lugares seguros para cualquiera que accidentalmente hiriera o matara a alguien y necesitara protección. Lee Números 35:1-34 y Josué 20:1-9. Luego, usando el mapa, encuentra las seis ciudades de refugio y escribe sus nombres en los lugares correctos. Después, analiza: ¿A quién se le permitió huir a una ciudad de refugio y cuánto tiempo podía permanecer allí? ¿Por qué crees que Dios creó las ciudades de refugio para lidiar con los homicidios accidentales?

CEDES   HEBRÓN   RAMOT
SIQUEM   BESER   GOLÁN

Herencia tribal

Lee Josué 13:1-21:45. La tierra prometida se dividió entre las doce tribus de Israel. En el pergamino de abajo, escribe la tierra que recibió cada tribu junto a su nombre.

Rubén: ....

Gad: ....

Manasés: ....

Judá: ....

Efraín: ....

Benjamín: ....

Simeón: ....

Zabulón: ....

Isacar: ....

Aser: ....

Neftalí: ....

Dan: ....

Leví: ....

Altar del testimonio

Tras ayudar a las demás tribus a conquistar la tierra prometida, las tribus de Rubén, Gad y la media tribu de Manasés regresaron a su tierra al este del río Jordán. Antes de cruzarlo, construyeron un gran altar cerca del Jordán. Cuando los demás israelitas vieron el altar, lo malinterpretaron. Pensaron que era una señal de que las tribus orientales se estaban alejando de Yah y comenzaban a practicar la adoración falsa. Las tribus se reunieron en Silo para ir a la guerra contra sus hermanos. ¿Qué sucedió después?

Lee Josué 22:1-34. ¿Qué pasó después de que las tribus se reunieron en Silo?

....

....

....

....

Dibuja una tira cómica de cuatro paneles sobre la historia del altar del testimonio. En cada panel, dibuja una imagen o símbolo sencillo que represente estos eventos:

1. Las tribus de Rubén, Gad y la media tribu de Manasés construyen un altar cerca del río Jordán.
2. Las tribus occidentales ven el altar y se preparan para la guerra.
3. Finees y diez líderes de las tribus occidentales se reúnen con las tribus orientales.
4. Los líderes regresan de Galaad con buenas noticias que alegran a los israelitas.

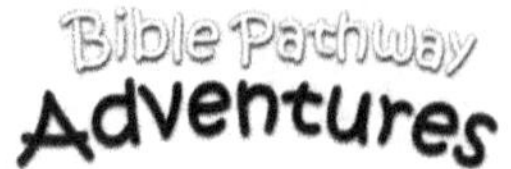

La tierra prometida

Lee Josué 13:1-21:45. En la tierra de Canaán, cada tribu recibió un pedazo de tierra. Escribe el nombre de cada tribu junto al número correspondiente.

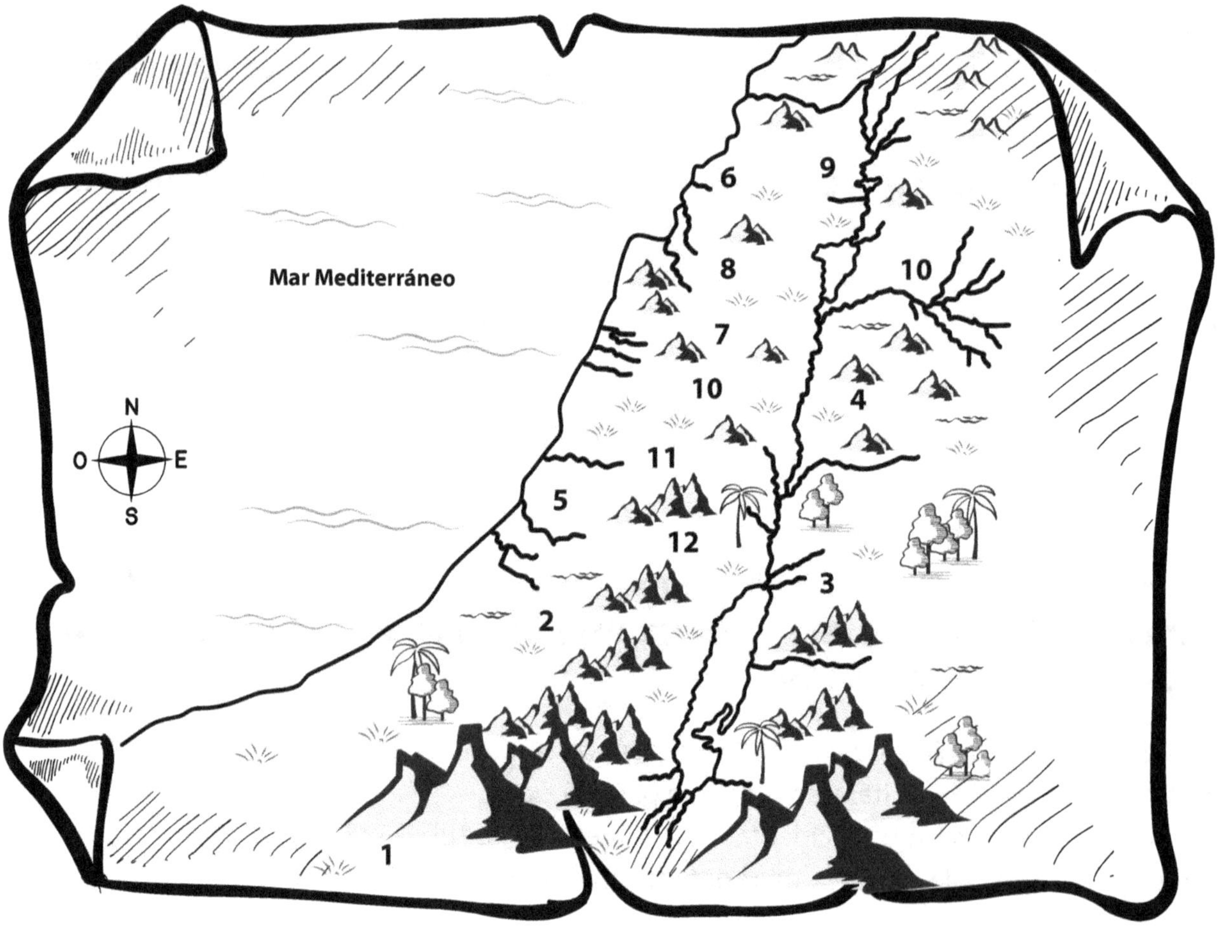

Simeón
Judá
Rubén
Gad
Dan
Aser
Isacar
Zabulón
Neftalí
Manasés
Efraín
Benjamín

1. ....
2. ....
3. ....
4. ....
5. ....
6. ....
7. ....
8. ....
9. ....
10. ....
11. ....
12. ....

"...pero yo y mi casa
serviremos a Yah".
(Josué 24:15)

Las doce tribus de Israel

Hojas de trabajo

TRIBU DE RUBÉN

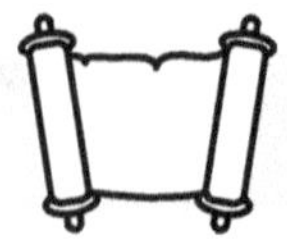

Historia tribal

La tribu de Rubén recibió su nombre en honor a Rubén, el hijo mayor de Jacob y Lea. Como primogénito, Rubén debía recibir la primogenitura, que incluía el liderazgo de la familia y una doble porción de la herencia. Pero Rubén cometió un grave error. En Génesis 35:22, deshonró a su padre al acostarse con la concubina de este. Debido a esto, perdió su primogenitura, que posteriormente fue otorgada a los hijos de José, Efraín y Manasés (1 Crónicas 5:1-2). En Génesis 49:3-4, Jacob bendijo a cada uno de sus hijos. A Rubén le dijo: "Tú eres mi primogénito… Impetuoso como las aguas, no serás el principal". Aun así, la tribu de Rubén jugó un papel importante en la historia de Israel.

Cuando los israelitas se preparaban para entrar en la tierra prometida, la tribu de Rubén eligió vivir en la tierra al este del río Jordán. Era excelente para la cría de ganado (Números 32:1-5). Junto con las tribus de Gad y la mitad de Manasés, ayudaron a luchar en las batallas para tomar la tierra antes de regresar a casa. En Josué 22, construyeron un altar cerca del río Jordán. Las otras tribus temían que fuera para la idolatría, pero la tribu explicó que era un recordatorio de que aún servían a Yah. Más tarde, durante la época de los Jueces, la tribu de Rubén fue criticada por quedarse con sus rebaños en lugar de unirse a la lucha contra Sísara (Jueces 5:15-16).

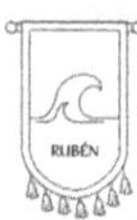

Responde las preguntas.

1. ¿Por qué perdió Rubén la primogenitura de su padre Jacob?

   ....

2. ¿Dónde vivía la tribu de Rubén cuando los israelitas entraron en la tierra?

   ....

3. ¿Qué sucedió cuando la tribu de Rubén construyó un altar en Josué 22?

   ....

4. ¿Qué te dice la bendición de Jacob sobre Rubén y su tribu?

   ....

¿DÓNDE VIVIÓ LA TRIBU DE RUBÉN?

Lee Números 32 y Josué 13-15 para saber cómo la tribu de Rubén
recibió su propio pedazo de tierra en la tierra prometida.

Tierra de Israel

Instrucciones:

1. Sombrea con azul la zona donde vivía la tribu de Rubén.

2. Usa un marcador para trazar el recorrido del río Jordán en tu mapa.

3. Dibuja una oveja cerca del río para mostrar que la tribu de Rubén criaba animales.

4. Escribe por qué el río Jordán era importante para la tribu de Rubén.

....

....

....

¿Lo sabías?

Rubén intentó salvar a su hermano José cuando los demás querían matarlo. Les ordenó que, en lugar de eso, lo arrojaran a una cisterna, pues planeaba rescatarlo más tarde (Génesis 37:21-22).

TRIBU DE SIMEÓN

Historia tribal

La tribu de Simeón recibió su nombre en honor a Simeón, el segundo hijo de Jacob y Lea. En Génesis 34, él y su hermano Leví atacaron la ciudad de Siquem para defender a su hermana Dina. Aunque intentaban proteger a su familia, Jacob se molestó por sus acciones y las calificó de demasiado violentas. Simeón también aparece en la historia de José en Egipto. Cuando los hermanos de José llegaron a Egipto a comprar comida durante la hambruna, no lo reconocieron. Para ponerlos a prueba, José mantuvo a Simeón en prisión mientras los demás regresaban a casa para traer de vuelta a su hermano menor, Benjamín (Génesis 42:24).

Al final de su vida, Jacob bendijo a cada uno de sus hijos. En Génesis 49:5-7, Jacob advirtió que la ira de Simeón y Leví causaría problemas. Cuando los israelitas entraron en la tierra prometida, la tribu de Simeón no recibió su propia porción de tierra. En cambio, su tierra fue asignada dentro del territorio de Judá. El pueblo de Simeón era un pueblo guerrero fuerte. Ayudaron a la tribu de Judá en las batallas y apoyaron a David cuando ascendió al trono (1 Crónicas 12:25). Más tarde, algunas familias de Simeón viajaron a la región montañosa de Seir en busca de más tierras para sus rebaños y manadas.

Responde las preguntas.

1. ¿Por qué José mantuvo a Simeón preso en Egipto?

   ....

2. ¿Qué dijo Jacob sobre Simeón y Leví en su bendición?

   ....

3. ¿Dónde se encontraba la tierra de la tribu de Simeón?

   ....

4. ¿Cómo ayudó la tribu de Simeón al rey David?

   ....

¿DONDE VIVIÓ LA TRIBU DE SIMEÓN?

Lee Josué 19:1–9 para saber cómo la tribu de Simeón
recibió su tierra dentro del territorio de Judá.

Tierra de Israel

Instrucciones:

1. Sombrea de verde el área donde vivía la tribu de Simeón.

2. Usa un marcador negro para delinear la tierra de Judá, ya que la tierra de Simeón estaba dentro de ella.

3. Dibuja el símbolo de una ciudad para mostrar que la tribu de Simeón vivía en pueblos dentro del territorio de Judá.

4. Lee Génesis 49:5-7. ¿Por qué crees que la tierra de Simeón era diferente a la de las otras tribus?

....

....

¿Lo sabías?

Simeón y su hermano Leví atacaron la ciudad de Siquem para defender a su hermana Dina (Génesis 34). Aunque sus acciones tenían como objetivo protegerla, su padre Jacob no estaba contento.

TRIBU DE JUDÁ

Historia tribal

La tribu de Judá recibió su nombre en honor a Judá, el cuarto hijo de Jacob y Lea. En Génesis 49:8-12, Jacob bendijo a Judá diciendo: "No será quitado el cetro de Judá, ni el legislador de entre sus pies". Esto significaba que los futuros reyes de Israel provendrían de su linaje. David, quien derrotó al gigante Goliat y se convirtió en rey de Israel, provenía de la tribu de Judá. Su hijo, el rey Salomón, reinó después de él. Yeshua el Mesías era de la tribu de Judá.

Judá formó parte del plan para vender a su hermano José como esclavo. Sugirió que los hermanos vendieran a José en lugar de matarlo (Génesis 37:26-27). Después de eso, Judá no cumplió la promesa que le hizo a Tamar, su nuera. Tamar dio a luz a Fares, quien se convirtió en antepasado tanto del rey David como de Yeshua. Durante la hambruna, cuando José puso a prueba a sus hermanos en Egipto, Judá se ofreció a tomar el lugar de su hermano menor, Benjamín, como esclavo. Siempre que los israelitas viajaban por el desierto, la tribu de Judá iba a la cabeza. Acampaban al este del tabernáculo, junto con las tribus de Isacar y Zabulón. Judá era la tribu más numerosa, con 74,600 hombres en edad de combate. Posteriormente, Judá recibió tierras en la parte sur de Canaán, que incluían las ciudades de Belén, Hebrón y Jerusalén.

Responde las preguntas.

1. ¿Qué bendición dio Jacob a Judá en Génesis 49?

   ....

2. ¿Cuáles eran algunas ciudades importantes en la tierra de Judá?

   ....

3. ¿Cómo demostró Judá liderazgo en el desierto?

   ....

4. Nombra a una persona famosa de la tribu de Judá.

   ....

¿DONDE VIVIÓ LA TRIBU DE JUDÁ?

Lee Josué 15 para saber cómo la tribu de Judá recibió
su tierra en la parte sur de la tierra prometida.

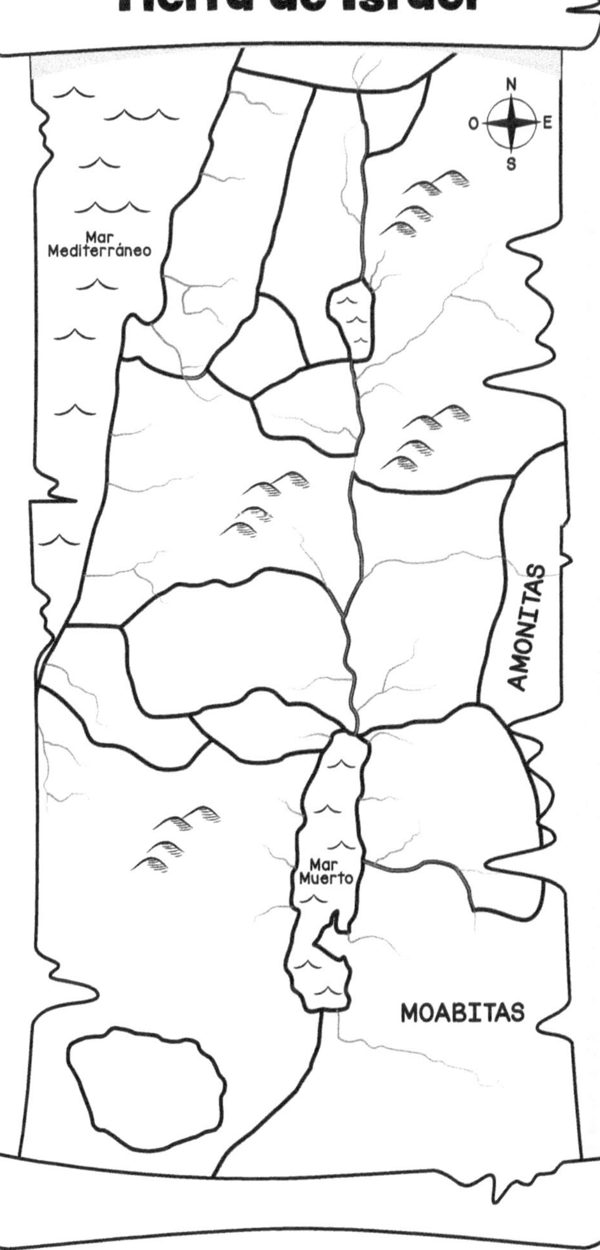

Instrucciones:

1. Sombrea con rojo la zona donde vivía la tribu de Judá.

2. Usa un marcador negro para trazar la frontera del territorio de Judá.

3. Dibuja círculos para marcar las ciudades de Belén, Hebrón y Jerusalén.

4. ¿Por qué crees que Judá recibió una gran extensión de tierra?

....

....

....

¿Lo sabías?

Judá se ofreció a tomar el lugar de Benjamín como esclavo cuando José puso a prueba a sus hermanos en la tierra de Egipto (Génesis 44:33).

TRIBU DE DAN

Historia tribal

La tribu de Dan recibió su nombre en honor a Dan, el quinto hijo de Jacob y Bilha (sierva de Raquel). En Génesis 49:16-17, Jacob bendijo a Dan diciendo: "Dan juzgará a su pueblo como una de las tribus de Israel". El nombre "Dan" significa juez y esta bendición indicaba que sus descendientes ayudarían a dirigir o a hacer justicia entre las tribus. Durante la travesía de los israelitas por el desierto, la tribu de Dan acampó al norte del tabernáculo, junto a las tribus de Aser y Neftalí. Dan era una tribu numerosa, con 64,400 hombres en edad de combate.

Tras entrar en la tierra prometida, la tribu de Dan tuvo dificultades para tomar el control de su territorio cerca de los filisteos. El enemigo era feroz y a Dan le costaba vivir con seguridad en esa zona. Por ello, algunos danitas se trasladaron al norte y capturaron la ciudad de Lais, a la que rebautizaron como Dan (Jueces 18:27-29). En la nueva ciudad, erigieron un ídolo, lo cual contravenía los mandatos de Yah. Uno de los personajes más famosos de la tribu de Dan fue Sansón, juez de Israel conocido por su gran fuerza. Luchó contra los filisteos y ayudó a proteger a Israel en tiempos difíciles.

Responde las preguntas.

1. ¿Qué bendición le dio Jacob a Dan en Génesis 49?

   ....

2. ¿Qué hizo la tribu de Dan al no poder tomar posesión de su tierra?

   ....

3. ¿Quién fue la persona más famosa de la tribu de Dan?

   ....

4. ¿Qué error cometió la tribu de Dan tras mudarse al norte?

   ....

¿DONDE VIVIÓ LA TRIBU DE DAN?

Lee Josué 19:40-48 y Jueces 18 para saber cómo la tribu de Dan recibió tierras cerca de los filisteos en el oeste y luego se trasladó al norte para conquistar Lais.

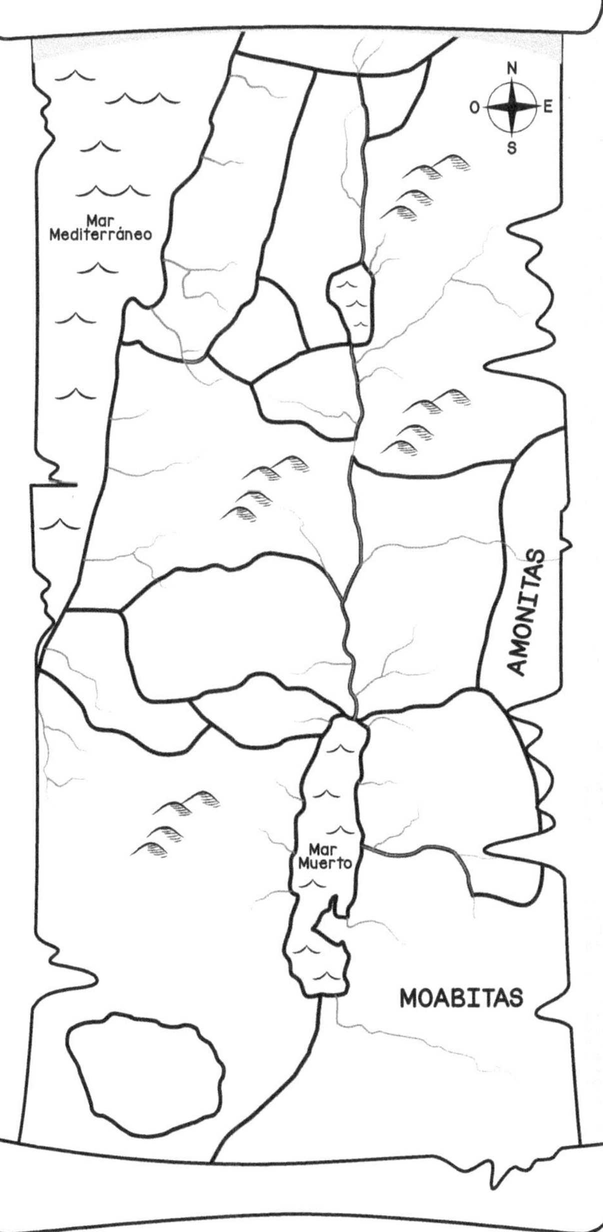

Instrucciones:

1. Sombrea con azul la tierra original de Dan.

2. Usa una línea discontinua para representar el posterior traslado de la tribu hacia el norte.

3. Dibuja un círculo para marcar la ciudad de Dan en el norte.

4. ¿Por qué la tribu de Dan decidió trasladarse al norte?

....

....

....

....

¿Lo sabías?

La fuerza de Sansón estaba ligada a una promesa especial llamada voto de nazareo. Como parte de este voto, nunca debía cortarse el cabello (Jueces 13:5).

TRIBU DE NEFTALÍ

Historia tribal

La tribu de Neftalí recibió su nombre en honor a Neftalí, sexto hijo de Jacob y Bilha (sierva de Raquel). En Génesis 49:21, Jacob bendijo a Neftalí diciendo: "Neftalí, cierva suelta, que pronunciará dichos hermosos". Durante la travesía de los israelitas por el desierto, la tribu de Neftalí acampó al norte del tabernáculo, junto a las tribus de Dan y Aser. Era una tribu fuerte con 53,400 hombres en edad de combate.

Cuando los israelitas entraron en la tierra prometida, la tribu de Neftalí recibió tierras en la región norte de Canaán, cerca del mar de Galilea (Josué 19:32-39). Su tierra era hermosa y fértil, con numerosas colinas y valles, y se convirtió en una importante zona comercial debido a su ubicación. Una de las personas más famosas de la tribu de Neftalí fue Barac, un líder militar que colaboró con la profetisa Débora para derrotar al ejército de Sísara (Jueces 4:6-10). Muchos años después, la tierra de Neftalí adquirió importancia en la vida de Yeshua. Gran parte de su enseñanza y numerosos milagros ocurrieron en ciudades como Capernaúm y Betsaida, que formaban parte del territorio de Neftalí (Mateo 4:13-15).

Responde las preguntas.

1. ¿Qué bendición dio Jacob a Neftalí en Génesis 49?

    ....

2. ¿Dónde se encontraba la tierra de la tribu de Neftalí?

    ....

3. ¿Quién fue el famoso líder de Neftalí que colaboró con Débora?

    ....

4. ¿Por qué es importante el territorio de Neftalí en la vida de Yeshua?

    ....

¿DONDE VIVIÓ LA TRIBU DE NEFTALÍ?

Lee Josué 19:32-39 para saber cómo la tribu de Neftalí
recibió tierras cerca del mar de Galilea.

Tierra de Israel

Instrucciones:

1. Sombrea de verde la tierra de la tribu de Neftalí.

2. Rodea con un círculo el mar de Galilea en tu mapa.

3. Enumera tres ciudades que pertenecían a la tribu de Neftalí cerca del mar de Galilea.

....

....

4. ¿Por qué crees que Yeshua pasó tiempo en la tierra de Neftalí?

....

....

¿Lo sabías?

Cuando Yeshua comenzó Su ministerio, viajó por la tierra de Neftalí, cumpliendo la profecía de Isaías: "El pueblo que andaba en tinieblas vio gran luz" (Mateo 4:13-16; Isaías 9:1-2).

TRIBU DE GAD

Historia tribal

La tribu de Gad recibió su nombre en honor a Gad, el séptimo hijo de Jacob y Zilpa (sierva de Lea). En Génesis 49:19, Jacob bendijo a Gad diciendo: "Gad, ejército lo acometerá; mas él acometerá al fin". Esta bendición indicaba que los descendientes de Gad serían guerreros fuertes que defenderían su tierra. Durante el tiempo que los israelitas pasaron en el desierto, la tribu de Gad acampó al sur del tabernáculo, junto a las tribus de Rubén y Simeón. Gad contaba con 45,650 hombres en edad de combate.

Cuando los israelitas se preparaban para entrar en la tierra prometida, la tribu de Gad vio que la tierra al este del río Jordán era buena para la cría de ganado. Junto con las tribus de Rubén y la mitad de Manasés, pidieron permiso a Moisés para vivir allí. Moisés accedió, pero solo si ayudaban a las demás tribus a luchar por su tierra en Canaán. Tras la conquista, la tribu de Gad regresó a casa y construyó un altar como testimonio de su fe en Yah (Josué 22). Un personaje famoso de la tribu de Gad fue el profeta Elías, originario de la región de Galaad, donde vivió Gad. Elías pronunció las palabras de Yah y realizó numerosos milagros durante una época en la que los israelitas adoraban a dioses falsos (también conocido como adulterio espiritual).

Responde las preguntas.

1. ¿Qué bendición dio Jacob a Gad en Génesis 49?

   ....

2. ¿Dónde eligió vivir la tribu de Gad?

   ....

3. ¿Qué prometió Gad antes de establecerse al este del Jordán?

   ....

4. ¿Quién fue el famoso profeta de la tierra de Galaad y qué hizo?

   ....

¿DONDE VIVIÓ LA TRIBU DE GAD?

Lee Números 32 y Josué 22 para saber cómo la tribu de Gad se asentó
al este del río Jordán, en una región llamada Galaad.

Tierra de Israel

Instrucciones:

1. Sombrea con naranja la tierra de Gad al este del río Jordán.

2. Marca el río Jordán con una línea azul.

3. Dibuja una oveja o un buey para mostrar que la tierra era buena para la cría de animales.

4. ¿Por qué crees que la tribu de Gad construyó un altar antes de regresar a casa?

....

....

....

¿Lo sabías?

El profeta Elías provenía de Galaad, la región donde se asentaba la tribu de Gad. Pronunció las palabras de Yah a los reyes y realizó milagros, entre ellos hacer descender fuego del cielo (1 Reyes 17:1; 18:36-38).

TRIBU DE ASER

Historia tribal

La tribu de Aser recibió su nombre en honor a Aser, octavo hijo de Jacob y Zilpa (sierva de Lea). En Génesis 49:20, Jacob bendijo a Aser diciendo: "El pan de Aser será substancioso, y él dará deleites al rey". Durante la travesía de los israelitas por el desierto, la tribu de Aser acampó al norte del tabernáculo, junto a las tribus de Dan y Neftalí. Aser contaba con 41,500 hombres en edad de combate (Números 1:41).

Cuando los israelitas entraron en la tierra prometida, la tribu de Aser recibió tierras a lo largo de la costa noroeste de Canaán, incluyendo partes de la fértil región de Galilea (Josué 19:24-31). Su tierra era conocida por sus olivos, trigo y tierra fértil. Aunque los guerreros de Aser participaron en algunas batallas clave (como la de Sísara), no expulsaron por completo a los cananeos de su tierra. Años después, durante el reinado del rey Ezequías, algunos israelitas de las tribus de Aser, Manasés y Zabulón viajaron a Jerusalén para honrar la Pascua y la Fiesta de los Panes sin Levadura (2 Crónicas 30:10-15).

Responde las preguntas.

1. ¿Qué bendición le dio Jacob a Aser en Génesis 49?

   ....

2. ¿Dónde se encontraba la tierra de la tribu de Aser?

   ....

3. ¿Qué hizo que la tierra de Aser fuera rica y valiosa?

   ....

4. ¿Quién era la profetisa de la tribu de Aser y qué hizo?

   ....

¿DONDE VIVIÓ LA TRIBU DE ASER?

Lee Josué 19:24–31 para saber cómo la tribu de Aser recibió tierras en las colinas costeras del norte de Canaán.

Tierra de Israel

Instrucciones:

1. Sombrea con amarillo la tierra de Aser, en la costa noroeste.

2. Dibuja una rama de olivo para mostrar la riqueza de la tribu en alimentos y aceite.

3. Marca las ciudades de Aco y Tiro en tu mapa.

4. ¿Cómo crees que la ubicación de la tribu de Aser cerca del mar les ayudó?

....

....

....

¿Lo sabías?

Una famosa israelita de la tribu de Aser fue la profetisa Ana, quien vivió durante el nacimiento de Yeshua. Ella adoró en el templo de Jerusalén y dio gracias a Yah al ver al bebé Yeshua (Lucas 2:36-38).

TRIBU DE ISACAR

Historia tribal

La tribu de Isacar recibió su nombre de Isacar, el noveno hijo de Jacob y Lea. En Génesis 49:14-15, Jacob bendijo a Isacar diciendo: "Isacar, asno fuerte que se recuesta entre los apriscos". Durante la travesía de los israelitas por el desierto, la tribu de Isacar acampó al este del tabernáculo con las tribus de Judá y Zabulón. Era una tribu numerosa y fuerte, con 54,400 hombres en edad de combate (Números 1).

Cuando los israelitas entraron en la tierra prometida, la tribu de Isacar recibió tierras en el valle de Jezreel, una región agrícola al norte de Canaán (Josué 19:17-23). Su tierra era fértil y contaba con importantes rutas comerciales. Uno de los versículos más famosos sobre la tribu de Isacar se encuentra en 1 Crónicas 12:32, donde se les describe como hombres "entendidos en los tiempos, y que sabían lo que Israel debía hacer". Estos sabios se unieron al rey David en Hebrón para apoyarlo como rey de todo Israel. La tribu de Isacar también ayudó a Débora y a Barac en la batalla contra el ejército de Sísara (Jueces 5:15).

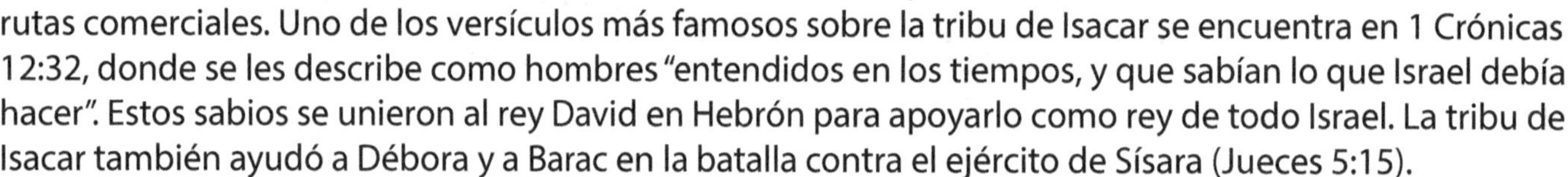

Responde las preguntas.

1. ¿Qué bendición dio Jacob a Isacar en Génesis 49?

   ....

2. ¿Dónde se encontraba la tierra de la tribu de Isacar?

   ....

3. ¿Por qué se conocía a Isacar por su sabiduría y erudición?

   ....

4. ¿Cómo ayudó la tribu de Isacar a Débora y al rey David?

   ....

¿DÓNDE VIVIÓ LA TRIBU DE ISACAR?

Lee Josué 19:17-23 para saber cómo la tribu de Isacar recibió tierras en el valle de Jezreel.

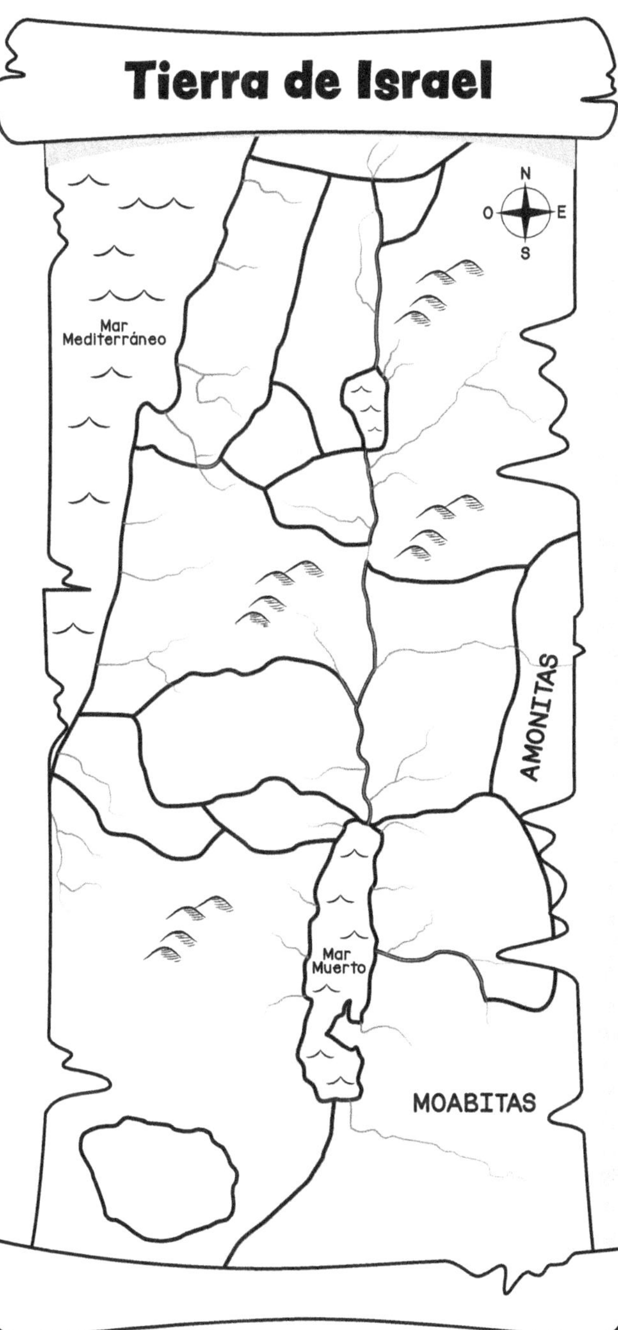

Instrucciones:

1. Sombrea con marrón la tierra de Isacar, en la región noreste.

2. Dibuja un arado o un pergamino para mostrar que la tribu era conocida por su agricultura y sabiduría.

3. Nombra tres tribus de Israel que rodeaban la tierra de Isacar.

....

....

4. ¿Por qué crees que Isacar era respetada tanto por su trabajo duro como por su conocimiento?

....

....

¿Lo sabías?

Los hombres de Isacar eran conocidos por su comprensión de los tiempos y daban sabios consejos a los líderes de Israel (1 Crónicas 12:32).

TRIBU DE ZABULÓN

Historia tribal

La tribu de Zabulón recibió su nombre de Zabulón, décimo hijo de Jacob y sexto hijo de Lea. En Génesis 49:13, Jacob bendijo a Zabulón diciendo: "Zabulón en puertos de mar habitará; será para puerto de naves". Durante la travesía de los israelitas por el desierto, la tribu de Zabulón acampó al este del tabernáculo, cerca de las tribus de Judá e Isacar. Eran una tribu fuerte con 57,400 hombres en edad de combate (Números 1:31).

Cuando los israelitas entraron en la tierra prometida, Zabulón recibió tierras en la parte norte de Canaán, entre el mar de Galilea y el mar Mediterráneo. Aunque sus tierras no tocaban el mar, estaban cerca de importantes rutas comerciales y puertos concurridos. Su tierra era buena para la agricultura y las colinas eran ideales para la viticultura. En Jueces 4-5, se unieron a Débora y Barac para luchar contra Sísara. En Jueces 6, ayudaron a Gedeón a luchar contra los madianitas. Más tarde, se unieron a David en Hebrón y fueron elogiados como guerreros valientes y leales. El profeta Isaías dijo que la tierra de Zabulón vería una gran luz (Isaías 9:1). Esto se cumplió cuando Yeshua comenzó Su ministerio en Galilea, que formaba parte de la tierra de Zabulón.

Responde las preguntas.

1. ¿Qué bendición le dio Jacob a Zabulón?

   ....

2. ¿Dónde vivía la tribu de Zabulón?

   ....

3. ¿Cómo ayudó la tribu de Zabulón a David?

   ....

4. ¿Qué relación tiene la tierra de Zabulón con el ministerio de Yeshua?

   ....

¿DÓNDE VIVIÓ LA TRIBU DE ZABULÓN?

Lee Josué 19:10-16 para saber cómo se le dio a Zabulón tierras en las colinas del norte de Canaán.

Tierra de Israel

N O E S

Mar Mediterráneo

AMONITAS

Mar Muerto

MOABITAS

Instrucciones:

1. Sombrea la tierra de Zabulón en tu mapa con azul claro.

2. Dibuja un barco o un ancla para mostrar el vínculo de la tribu con el comercio y el mar.

3. Nombra tres tribus que rodean la tierra de Zabulón.

4. ¿Cómo pudo la ubicación de Zabulón haberles ayudado a comerciar con otros lugares?

....

....

....

¿Lo sabías?

La tribu de Zabulón envió guerreros hábiles para apoyar a David en Hebrón, pero también ayudaron con alimentos. Parientes de Zabulón y tribus cercanas aportaron provisiones como higos, pasas, vino, aceite, ganado y ovejas para alimentar al ejército de David (1 Crónicas 12:38-40).

TRIBU DE BENJAMÍN

Historia tribal

La tribu de Benjamín recibió su nombre en honor a Benjamín, el hijo menor de Jacob y Raquel. En Génesis 49:27, Jacob lo bendijo diciendo: "Benjamín es lobo arrebatador; a la mañana comerá la presa, y a la tarde repartirá los despojos". Durante la travesía de los israelitas por el desierto, la tribu de Benjamín acampó al oeste del tabernáculo, junto a las tribus de Efraín y Manasés. Cuando los israelitas entraron en la tierra prometida, la tribu de Benjamín recibió tierras entre las tribus de Efraín y Judá (Josué 18:11-28). Esta zona incluía ciudades importantes como Jericó, Guibeá y parte de Jerusalén. Aunque su territorio era pequeño, era un buen lugar para el comercio y la defensa.

La tribu de Benjamín se hizo famosa por sus valientes guerreros, especialmente por sus hábiles lanzadores de piedras con honda. En Jueces 20-21, estalló una guerra civil que involucró a la tribu de Benjamín y muchos de sus hombres murieron. Pero la tribu sobrevivió y permaneció como parte de Israel. Varios israelitas famosos provenían de la tribu de Benjamín. El rey Saúl, el primer rey de Israel, era benjamita. El apóstol Pablo también pertenecía a esta tribu, al igual que Mardoqueo, pariente de la reina Ester.

Responde las preguntas.

1. ¿Qué bendición le dio Jacob a Benjamín?

   ....

2. ¿Qué ciudades había en la tierra de Benjamín?

   ....

3. Nombra tres personajes famosos de la tribu de Benjamín.

   ....

4. ¿Por qué crees que Yah eligió a líderes como Pablo y Mardoqueo de la tribu de Benjamín?

   ....

¿DÓNDE VIVIÓ LA TRIBU DE BENJAMÍN?

Lee Josué 18:11-28 para saber cómo se le dio a Benjamín tierra entre Judá y Efraín.

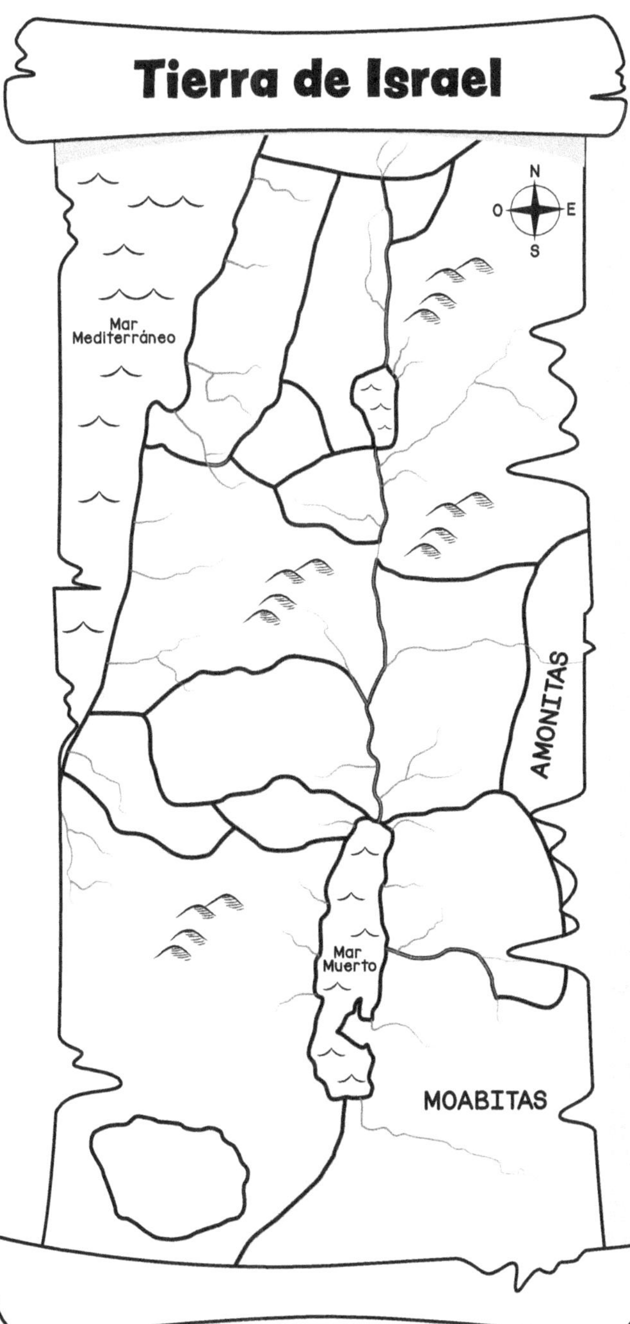

Instrucciones:

1. Sombrea en rojo la tierra de Benjamín en tu mapa.

2. Dibuja un lobo para representar la bendición de Jacob y la fuerza guerrera de la tribu.

3. ¿Por qué crees que la tribu de Benjamín era conocida por sus hábiles guerreros?

4. ¿Cómo la ubicación de Benjamín les ayudó a apoyar tanto a las tribus del norte como a las del sur?

....

....

....

¿Lo sabías?

El apóstol Pablo era de la tribu de Benjamín. Aunque en su día persiguió a los seguidores del Camino, tuvo un encuentro transformador con Yeshua en el camino a Damasco y posteriormente compartió la Buena Nueva con las tribus dispersas de Israel por toda Asia Menor.

TRIBU DE EFRAÍN

Historia tribal

La tribu de Efraín recibió su nombre de Efraín, hijo menor de José y nieto de Jacob. En Génesis 48, Jacob bendijo tanto a Efraín como a su hermano mayor, Manasés. Pero aunque Efraín era menor, Jacob le dio la mayor bendición. Dijo que Efraín se convertiría en un grupo de naciones (Génesis 48:19). Más tarde, en Génesis 49:22-26, Jacob bendijo a los hijos de José con fecundidad, fortaleza y ayuda de parte de Yah.

Durante la travesía por el desierto, la tribu de Efraín acampó al oeste del tabernáculo, con Benjamín y Manasés. Cuando los israelitas entraron en la tierra prometida, Efraín recibió tierras en la región montañosa central de Canaán (Josué 16:1-10). Esta región incluía la ciudad de Silo, donde el tabernáculo y el arca de la alianza permanecieron durante muchos años (Josué 18:1). Josué, quien guio a los israelitas hacia la tierra prometida, provenía de la tribu de Efraín. Posteriormente, Jeroboam, el primer rey del reino del norte de Israel, también era de esta tribu.

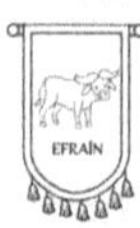

Responde las preguntas.

1. ¿Por qué Jacob bendijo a Efraín más que a su hermano mayor, Manasés?

....

2. ¿Qué ciudades importantes se encontraban en el territorio de Efraín?

....

3. Nombra a dos israelitas famosos de la tribu de Efraín.

....

4. ¿Cómo influyó la tribu de Efraín en la historia de la Casa de Israel?

....

¿DÓNDE VIVIÓ LA TRIBU DE EFRAÍN?

Lee Josué 16:1-10 para saber cómo la tribu de Efraín
recibió tierras en la región montañosa central de Canaán.

Tierra de Israel

Instrucciones:

1. Sombrea la tierra de Efraín en tu mapa con verde.

2. Dibuja un buey para representar la fuerza de la tribu de Efraín.

3. Marca la ciudad de Silo en tu mapa.

4. Lee Josué 18:1. ¿Por qué crees que el tabernáculo se erigió en el territorio de Efraín?

....

....

....

....

¿Lo sabías?

Josué fue uno de los doce espías enviados por Moisés a explorar la tierra de Canaán. Mientras diez de los espías tenían miedo, Josué y Caleb confiaron en Yah y animaron a los israelitas a entrar en la tierra (Números 13-14).

TRIBU DE MANASÉS

Historia tribal

La tribu de Manasés recibió su nombre en honor a Manasés, primogénito de José y nieto de Jacob. En Génesis 48, Jacob bendijo a Manasés y a su hermano menor, Efraín. Aunque Manasés era mayor, Jacob dio la mayor bendición a Efraín (Génesis 48:19). Durante la travesía por el desierto, la tribu de Manasés acampó al oeste del tabernáculo, junto a Efraín y Benjamín. Cuando los israelitas entraron en la tierra prometida, Manasés recibió una gran herencia. La mitad de la tribu se asentó en la región montañosa central al oeste del río Jordán, mientras que la otra mitad eligió tierras al este del Jordán por ser excelentes para la cría de ganado.

Uno de los israelitas más famosos de la tribu de Manasés fue Gedeón, juez que liberó a Israel de los madianitas con tan solo 300 hombres (Jueces 6-8). Más tarde, tras la división del reino de Israel en dos, la parte norte, donde vivían muchos manasitas, comenzó a adorar a dioses falsos. Pero algunos de Manasés permanecieron fieles. Durante la época del rey Ezequías, este invitó a todas las tribus a Jerusalén para la Pascua y la Fiesta de los Panes sin Levadura. Aunque algunos israelitas se burlaron de los mensajeros del rey, un grupo de hombres de Manasés fue a Jerusalén para celebrar la fiesta (2 Crónicas 30:10-11).

Responde las preguntas.

1. ¿Por qué se dividió la tierra de Manasés en dos partes?

....

2. ¿Por qué crees que algunos de la tribu de Manasés decidieron vivir al este del Jordán?

....

3. Nombra a un juez famoso de la tribu de Manasés.

....

4. ¿Qué hicieron algunos hombres de la tribu de Manasés durante el reinado del rey Ezequías?

....

¿DÓNDE VIVIÓ LA TRIBU DE MANASÉS?

Lee Josué 17:1-18 y Números 32:33 para saber cómo la tribu
de Manasés recibió tierras a ambos lados del río Jordán.

Tierra de Israel

Instrucciones:

1. Sombrea en azul las dos zonas de la tierra de Manasés (al oeste y al este del río Jordán).

2. Dibuja flechas para representar la conexión de la tribu con la guerra y la fuerza.

3. Marca el monte Ebal y el monte Gerizim en tu mapa.

4. Lee Jueces 6. ¿Cómo respondió Gedeón cuando Yah lo llamó a ser líder?

....

....

....

¿Lo sabías?

Gedeón, de la tribu de Manasés, lideró a 300 hombres para derrotar al ejército madianita. En lugar de usar espadas, portaron shofares, cántaros de barro y antorchas. A la señal de Gedeón, rompieron los cántaros, tocaron los shofares y gritaron a gran voz, lo que provocó la huida de los madianitas (Jueces 7:16-22).

TRIBU DE LEVÍ

Historia tribal

La tribu de Leví recibió su nombre en honor a Leví, el tercer hijo de Jacob y Lea. En Génesis 49, Jacob criticó duramente a Leví y Simeón por su violencia en Siquem, afirmando que serían dispersados por Israel. Sin embargo, los descendientes de Leví demostraron posteriormente una gran lealtad a Yah durante el incidente del becerro de oro (Éxodo 32:25-29). Durante la travesía por el desierto, los levitas acamparon alrededor del tabernáculo y se encargaron de sus funciones diarias. Aarón y sus descendientes sirvieron como sacerdotes, mientras que otros levitas desempeñaron diferentes funciones: custodiar el tabernáculo, cantar alabanzas y transportar objetos sagrados durante los viajes de los israelitas.

A diferencia de las demás tribus, Leví no recibió una gran extensión de tierra en la tierra prometida. En cambio, se les otorgaron 48 pueblos repartidos por toda la tierra de Israel, incluyendo las seis ciudades de refugio (Números 35:1-8). Entre los levitas famosos se encuentran Moisés y Aarón, quienes liberaron a los israelitas de la esclavitud en Egipto. Más tarde, el escriba Esdras ayudó a enseñar la Torá a los israelitas tras su regreso del exilio. Los levitas sirvieron como maestros, cantores y escribas a lo largo de la historia de Israel. Desempeñaron un papel importante al ayudar a los israelitas a arrepentirse y volver a los caminos de Yah.

Responde las preguntas.

1. ¿Por qué la tribu de Leví no recibió una gran extensión de tierra como las demás tribus?

   ....

2. Nombra dos personajes famosos de la tribu de Leví.

   ....

3. Explica a un maestro o amigo cómo sirvieron los levitas en toda la tierra de Israel.

   ....

4. Lee Josué 20 y enumera las seis ciudades de refugio.

   ....

¿DÓNDE VIVIÓ LA TRIBU DE LEVÍ?

Lee Números 35:1-8 y Josué 20-21 para aprender sobre las ciudades dadas a los levitas.

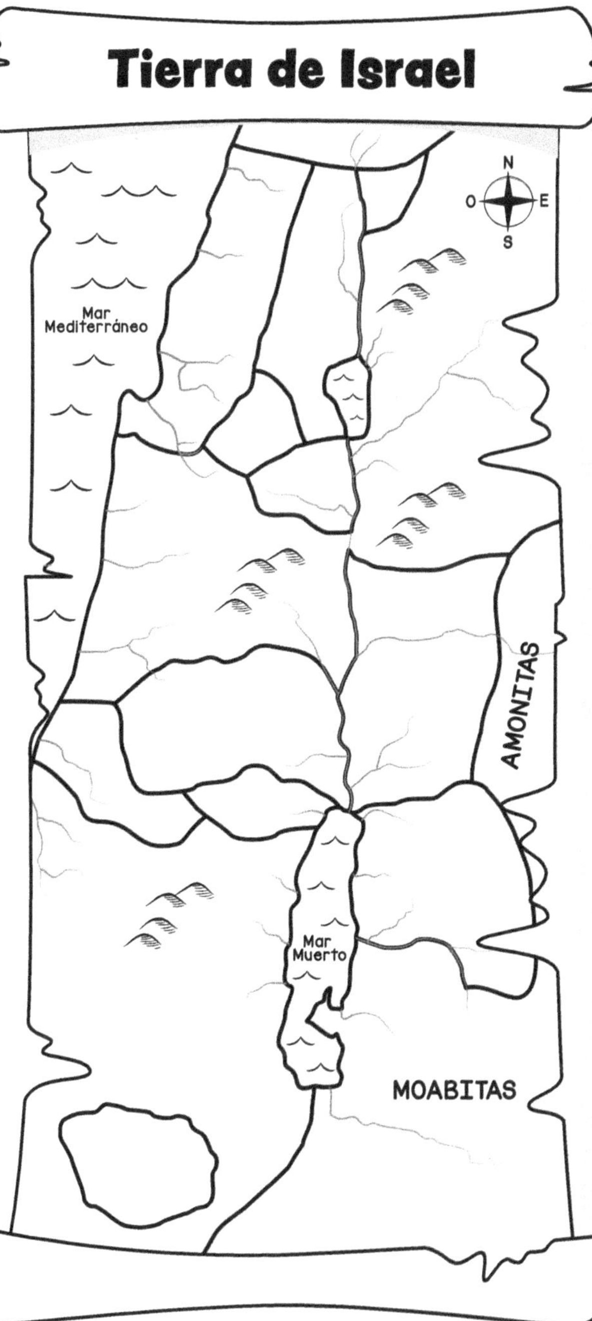

Instrucciones:

1. Dibuja un shofar para representar a los levitas en cada tribu.

2. A los levitas se les dieron ……… ciudades en lugar de sus propias tierras.

3. Lee Éxodo 32:25-29. ¿Qué hicieron los levitas para demostrar su lealtad a Yah?

4. Lee Números 18. ¿Cómo los levitas recibieron el apoyo de las demás tribus?

....

....

....

¿Lo sabías?

En la tierra de Canaán, los levitas no recibieron un territorio extenso como las demás tribus. En cambio, sus ciudades se extendieron por toda la tierra de Israel para que pudieran enseñar la Torá a todas las tribus (Josué 21:1-42).

Manualidades y Proyectos

Las diez plagas de Egipto

¿Qué tan bien conoces las diez plagas de Egipto? Colorea y recorta cada tarjeta.
Haz dos copias de cada tarjeta para tener pares iguales. Plastifica las tarjetas para que
duren más. Mezcla las tarjetas y colócalas boca abajo en filas. Por turnos, volteen dos
tarjetas para encontrar una pareja. ¡El jugador con más parejas gana!

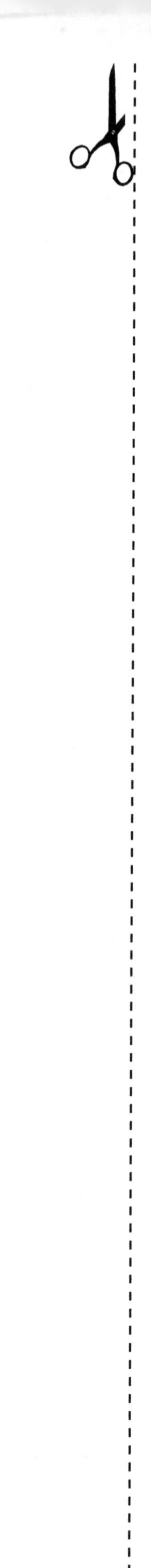

Guía de respuestas

Hoja de trabajo: ¿Quién fue Jacob?

1. Isaac envió a Jacob a Padan-aram para tomar una esposa (Génesis 28)
2. Ángeles subían y bajaban por una escalera que llegaba al cielo
3. Jacob trabajó para Labán
4. Jacob tuvo 12 hijos llamados Rubén, Simeón, Leví, Judá, Isacar, Zabulón, Gad, Aser, Dan, Neftalí, José y Benjamín
5. Pida a los estudiantes que respondan esta pregunta. Las respuestas pueden variar
6. Cinco palabras que describen a Jacob: pida a los estudiantes que respondan esta pregunta. Las respuestas pueden variar

Sopa de letras de la Biblia: Jacob se convierte en Israel

Hoja de trabajo: La familia de Jacob

LEA: Rubén, Simeón, Leví, Judá, Isacar, Zabulón
RAQUEL: José y Benjamín
ZILPA: Gad, Aser
BILHA: Dan, Neftalí

Hoja de trabajo: La familia de Jacob

Rubén, Simeón, Leví, Judá, Isacar, Zabulón, Gad, Aser, Dan, Neftalí, José y Benjamín.

Cuestionario de la Biblia: José, el soñador

1. Jacob vivía en la tierra de Canaán
2. José tenía 17 años cuando estaba en el campo
3. José estaba con los hijos de Bilha y Zilpa, quienes eran las esposas de Jacob y las madres de algunos de sus hermanos
4. Jacob amaba a José más que a sus otros hijos porque José nació cuando Jacob era mayor
5. Jacob le dio a José un regalo especial, una hermosa túnica con muchos colores
6. Cuando los hermanos de José vieron que su padre lo amaba más, se pusieron celosos y enojados
7. En el primer sueño de José, vio su gavilla de grano en posición vertical mientras las gavillas de sus hermanos se reunían a su alrededor y se inclinaban ante ella
8. Los hermanos de José ya estaban celosos y escuchar sobre este sueño los enfureció aún más, ya que pensaron que José estaba diciendo que gobernaría sobre ellos
9. En el segundo sueño de José, vio al sol, la luna y once estrellas inclinándose ante él, lo que representaba a su familia inclinándose ante él
10. Jacob regañó a José cuando escuchó el segundo sueño, preguntándole si de verdad toda la familia se inclinaría

Hoja de trabajo: Los deberes de un pastor

1. Ser pastor era un trabajo importante porque las ovejas proporcionaban leche, carne y lana
2. Los pastores permanecían cerca de las ovejas y usaban rediles como muros de piedra o cuevas para mantener a los animales a salvo
3. Los egipcios eran agricultores y pensaban que las ovejas arruinaban sus cultivos y no eran útiles para la alimentación ni para los sacrificios

Cuestionario de la Biblia: Vendido como esclavo

1. Los hermanos de José fueron a Siquem a cuidar las ovejas de su padre
2. José fue enviado por su padre, Israel (también conocido como Jacob), para ver cómo estaban sus hermanos
3. Cuando José llegó a Siquem, se enteró de que sus hermanos se habían movido a Dotán
4. Los hermanos de José lo vieron venir desde lejos y comenzaron a conspirar para hacerle daño
5. Rubén sugirió que arrojaran a José a una cisterna (pozo) en lugar de matarlo
6. Antes de arrojar a José a la cisterna, sus hermanos le quitaron su túnica especial
7. La cisterna a la que arrojaron a José estaba completamente seca, sin agua
8. En lugar de matar a José, los hermanos decidieron venderlo a unos comerciantes que pasaban por allí
9. Los hermanos recibieron 20 piezas de plata por vender a José a los comerciantes
10. Los comerciantes llevaron a José a Egipto, donde lo vendieron a Potifar, un oficial del faraón

Hoja de trabajo: Empareja los personajes

1. Confió en José y lo nombró mayordomo de su casa: Potifar
2. Huyó cuando sintió la tentación de hacer algo malo: José
3. Notó que José era guapo: La esposa de Potifar
4. Tuvo éxito en todo lo que hizo porque Dios estaba con él: José
5. Se enojó cuando creyó una mentira y metió a alguien en la cárcel: Potifar
6. Dijo una mentira que metió a alguien en problemas: La esposa de Potifar
7. Bendito por Dios por la presencia de José: Potifar
8. Fue puesto a cargo de todo, tanto en la casa como en el campo: José

Hoja de trabajo: Los sueños del faraón

1. Los sabios del faraón no pudieron explicar el significado de sus sueños
2. El copero le contó al faraón sobre José
3. José le dijo al faraón que nombrara supervisores sobre la tierra de Egipto y que almacenara alimentos para la hambruna

Sopa de letras de la Biblia: Los sueños del faraón

Palabras desordenadas de la Biblia: José asciende al poder

anillo de sello, lino fino, cadena de oro, carro, esposa, vestidos, matrimonio, Egipto

Hoja de trabajo: José almacena comida

1. Yah reveló a través de los sueños del faraón que siete años de hambruna seguirían a siete años de abundancia
2. José recolectó grano durante los años de abundancia y lo almacenó en grandes cantidades en ciudades de todo Egipto
3. Cuando comenzó la hambruna, José abrió los graneros y vendió grano a los egipcios y a los extranjeros

Hoja de trabajo: Los almacenes del faraón

1. 4
2. 10
3. 28
4. 53
5. 72
6. 140
7. 330
8. 400

Hoja de trabajo: ¡La búsqueda de grano!

Viendo Jacob que en Egipto había alimentos, dijo a sus hijos: "¿Por qué os estáis mirando?". Y dijo: "He aquí, yo he oído que hay víveres en Egipto; descended allá, y comprad de allí para nosotros, para que podamos vivir, y no muramos". Y descendieron los diez hermanos de José a comprar trigo en Egipto. Mas Jacob no envió a Benjamín, hermano de José, con sus hermanos; porque dijo: "No sea que le acontezca algún desastre". Vinieron los hijos de Israel a comprar entre los que venían; porque había hambre en la tierra de Canaán. Y José era el señor de la tierra, quien le vendía a todo el pueblo de la tierra; y llegaron los hermanos de José, y se inclinaron a él rostro a tierra. Y José, cuando vio a sus hermanos, los conoció; mas hizo como que no los conocía, y les habló ásperamente, y les dijo: "¿De dónde habéis venido?". Ellos respondieron: "De la tierra de Canaán, para comprar alimentos". José, pues, conoció a sus hermanos; pero ellos no le conocieron. Entonces se acordó José de los sueños que había tenido acerca de ellos, y les dijo: "Espías sois; por ver lo descubierto del país habéis venido". Ellos le respondieron: "No, señor nuestro, sino que tus siervos han venido a comprar alimentos. Todos nosotros somos hijos de un varón; somos hombres honrados; tus siervos nunca fueron espías".

Hoja de trabajo: Burros en movimiento

1. Abraham, Balaam, la casa del rey David y Yeshua poseían o montaban burros
2. José envió a su padre burros cargados con los mejores productos de Egipto, junto con diez burras que llevaban grano, pan y otros suministros para su viaje
3. Los burros eran importantes para los hebreos porque estos animales de trabajo eran protectores, fuertes, inteligentes y leales

Cuestionario de la Biblia: ¿Espías en Egipto?

1. José tenía 30 años cuando comenzó a trabajar para el faraón, rey de Egipto
2. José recolectó y almacenó toda la comida durante los siete años de abundancia
3. José almacenó grano para asegurar que Egipto tuviera suficiente comida durante los siete años de hambruna

4. Los dos hijos de José se llamaban Manasés, que significa "Dios me ha hecho olvidar todas mis dificultades y toda la casa de mi padre", y Efraín, que significa "Dios me ha hecho fructífero en la tierra de mi aflicción"

5. Después de los siete años de abundancia, comenzaron siete años de hambruna

6. El faraón le dijo al pueblo de Egipto que fuera ante José e hiciera lo que él dijera

7. Los hermanos de José fueron a Egipto a comprar grano porque había hambruna en su tierra

8. José reconoció a sus hermanos, pero ellos no lo reconocieron a él. Los trató como extraños y les habló con rudeza

9. José acusó a sus hermanos de ser espías que habían ido a ver las debilidades de la tierra

10. Los hermanos de José encontraron su dinero devuelto en sus costales de grano y estaban asustados y confundidos, pensando que Dios los estaba castigando

Hoja de trabajo: José pone a prueba a sus hermanos

1. ¿Qué hombre llevaba en su costal la copa de plata? Benjamín

2. Después de que el funcionario de José encontrara la copa de plata, ¿cómo reaccionaron sus hermanos? Rasgaron sus ropas, volvieron a cargar sus burros y regresaron a la ciudad

3. ¿Qué animal se llevaron los hermanos de José? Burros

4. ¿Qué les dijo el funcionario de José a sus hermanos? "¿Por qué habéis vuelto mal por bien? ¿Por qué habéis robado mi copa de plata? ¿No es esta en la que bebe mi señor, y por la que suele adivinar? Habéis hecho mal en lo que hicisteis"

5. En casa de José, ¿qué hermano habló con José? ¿Qué le dijo? Judá habló a José, le pidió que perdonara a Benjamín y se ofreció como esclavo

Actividad de secuenciación de la historia: La copa de plata

1. La hambruna era severa y Jacob les dijo a sus hijos que regresaran a Egipto a comprar más comida

2. Judá le recordó a Jacob que no podían regresar sin su hermano menor, Benjamín

3. Jacob aceptó a regañadientes enviar a Benjamín a Egipto

4. Cuando los hermanos llegaron a Egipto, José vio a Benjamín y sintió una profunda compasión por él

5. José invitó a sus hermanos a comer en su casa, lo que los puso nerviosos porque temían estar en problemas

6. Durante la comida, José le dio a Benjamín cinco veces más comida que a los demás

7. Antes de que se fueran, José puso a prueba a sus hermanos escondiendo su copa de plata en el costal de Benjamín

8. Los hermanos fueron detenidos y acusados de robar la copa, que se encontró en el costal de Benjamín

9. Judá le suplicó a José que lo tomara como sirviente en lugar de Benjamín, ya que no podía soportar regresar sin él

10. José vio cuánto habían cambiado sus hermanos y estaba listo para revelar quién era realmente

Hoja de trabajo: El secreto de José

1. Pida a los estudiantes que respondan esta pregunta. Las respuestas pueden variar

2. Dios envió a José a la tierra de Egipto para preservar la vida

3. Los dos hijos de José se convirtieron en las tribus de Efraín y Manasés

Hoja de trabajo: ¿José construyó un canal?

1. Francis Cope Whitehouse descubrió las ruinas de antiguas presas, acequias y acueductos, así como un sistema de canales que discurría paralelo al río Nilo a lo largo de varios cientos de kilómetros. Encontró evidencia de que la gran depresión de el-Fayum se convirtió en la antigüedad en un lago artificial desde el cual se vertía agua almacenada al Nilo en años de escasez

Crucigrama de la Biblia: Israel se muda a Egipto

Hoja de trabajo: ¡Decodifica los jeroglíficos!

1. Caballos
2. Rebaños
3. Manadas
4. Burros

Hoja de trabajo: Jacob bendice a sus hijos

1. **Rubén:** "Rubén, tú eres mi primogénito, mi fortaleza, y el principio de mi vigor… Impetuoso como las aguas, no serás el principal, por cuanto subiste al lecho de tu padre"

2. **Simeón y Leví:** "Simeón y Leví son hermanos; armas de iniquidad sus armas… Maldito su furor, que fue fiero; y su ira, que fue dura. Yo los apartaré en Jacob, y los esparciré en Israel"

3. **Judá:** "Judá, te alabarán tus hermanos; tu mano en la cerviz de tus enemigos; los hijos de tu padre se inclinarán a ti… No será quitado el cetro de Judá"

4. **Zabulón:** "Zabulón en puertos de mar habitará; será para puerto de naves, y su límite hasta Sidón"

5. **Isacar:** "Isacar, asno fuerte que se recuesta entre los apriscos; y vio que el descanso era bueno, y que la tierra era deleitosa; y bajó su hombro para llevar, y sirvió en tributo"

6. **Dan:** "Será Dan serpiente junto al camino, víbora junto a la senda, que muerde los talones del caballo, y hace caer hacia atrás al jinete"
7. **Gad:** "Gad, ejército lo acometerá; mas él acometerá al fin"
8. **Aser:** "El pan de Aser será substancioso, y él dará deleites al rey"
9. **Neftalí:** "Neftalí, cierva suelta, que pronunciará dichos hermosos"
10. **José:** "Rama fructífera es José, rama fructífera junto a una fuente, cuyos vástagos se extienden sobre el muro… Por el Dios Omnipotente, el cual te bendecirá con bendiciones de los cielos de arriba"
11. **Benjamín:** "Benjamín es lobo arrebatador; a la mañana comerá la presa, y a la tarde repartirá los despojos"

Hoja de trabajo: Esclavitud en el antiguo Egipto

1. El faraón estaba preocupado porque creía que había demasiados israelitas en Egipto. Podrían unirse a los enemigos de los egipcios, luchar contra ellos y escapar de la tierra
2. Los egipcios esclavizaron al pueblo de Israel
3. El faraón ordenó a las parteras hebreas que mataran a todos los varones hebreos recién nacidos

Hoja de trabajo: ¿Esclavos hebreos en Egipto?

1. El faraón quería castigar a los hebreos porque pidieron ir a adorar a Dios. Pensó que eran perezosos, así que les dificultó el trabajo diciéndoles que buscaran su propia paja, pero que aun así fabricaran la misma cantidad de ladrillos
2. A los egipcios no les gustaban los pastores porque consideraban que cuidar ovejas y otros animales era un trabajo inmundo. Tenían diferentes costumbres y creencias que los hacían menospreciar a los pastores
3. Los nombres hebreos encontrados en Egipto podrían indicar que los hebreos vivieron allí, ya que sus nombres estarían escritos en los registros. Pero también necesitamos otras pistas, como edificios o escritos antiguos, para saberlo con certeza

Hoja de trabajo: Salvando al bebé Moisés

1. El faraón trató con bondad a los hebreos y les dio abundante comida: FALSO
2. La madre de Moisés lo ocultó durante tres meses para protegerlo del faraón: VERDADERO
3. El faraón quería mantener a salvo a todos los bebés varones en Egipto: FALSO
4. La hermana de Moisés, Miriam, observaba qué le sucedería después de que lo colocaran en la cesta: VERDADERO
5. La hija del faraón encontró a Moisés en una cesta entre los juncos: VERDADERO
6. Moisés fue encontrado por una mujer hebrea que lo adoptó como hijo: FALSO

Cuestionario de la Biblia: Moisés en Madián

1. Moisés mató al egipcio porque estaba atacando a un hebreo
2. El faraón se enojó e intentó matar a Moisés
3. Moisés escapó a la tierra de Madián
4. Moisés se encontró con las hijas de Jetro en un pozo
5. Los pastores alejaron a las hijas de Jetro del pozo
6. Jetro estaba complacido e invitó a Moisés a su casa
7. Moisés se casó con Séfora
8. El primer hijo de Moisés se llamó Gersom
9. Jetro era sacerdote de Madián
10. Mientras estaba en el desierto, Moisés cuidó las ovejas de Jetro

Palabras desordenadas de la Biblia: ¡Faraón!

Faraón, Moisés, Aarón, vara, siervos, corazón, endurecido, serpiente

Hoja de trabajo: El reto de las diez plagas

1 = sangre
2 = ranas
3 = piojos
4 = moscas
5 = ganado
6 = úlceras
7 = granizo de fuego
8 = langostas
9 = oscuridad
10 = muerte de los primogénitos

Hoja de trabajo: Diez plagas, diez dioses falsos

Diez plagas de Egipto	Dioses falsos egipcios
Convirtió el río Nilo en sangre	Hapi
Envió ranas por todo Egipto	Hequet
Envió piojos que cubrieron a personas y animales	Geb
Envió enjambres de moscas por todas partes	Khepri
Hizo morir al ganado egipcio	Hathor
Envió llagas en personas y animales	Isis
Envió granizo ardiente del cielo	Nut
Envió langostas que devoraron todas las cosechas	Osiris
Hizo que la oscuridad cubriera Egipto durante tres días	Ra
Mató a los primogénitos en Egipto	Faraón

Hoja de trabajo: La primera Pascua

1. Moisés ordenó a los ancianos de Israel que sacrificaran un cordero (macho, de un año) y rociaran con su sangre las puertas de sus casas
2. Para siempre
3. Cordero, hierbas amargas y pan sin levadura
4. Y aconteció que a la medianoche Dios hirió a todo primogénito en la tierra de Egipto, desde el primogénito del faraón que se sentaba sobre su trono hasta el primogénito del cautivo que estaba en la cárcel, y todo primogénito de los animales. Y se levantó aquella noche faraón, él y todos sus siervos, y todos los egipcios; y hubo un gran clamor en Egipto, porque no había casa donde no hubiese un muerto (Éxodo 12:29-32)
5. Pan sin levadura

Sopa de letras de la Biblia: Fiesta de los Panes sin Levadura

Hoja de trabajo: Fiesta de los Panes sin Levadura

1. El pan sin levadura es pan hecho sin levadura, por lo que no sube y se mantiene plano. Los israelitas hicieron pan sin levadura cuando salieron de Egipto porque Dios les dijo que salieran rápido. No tuvieron tiempo de dejar levar el pan, así que lo hornearon sin levadura
2. Pida a los estudiantes que respondan a esta pregunta. Las respuestas pueden variar
3. Pida a los estudiantes que respondan a esta pregunta. Las respuestas pueden variar

Cuestionario de la Biblia: Cruce del mar Rojo

1. Moisés sacó a los israelitas de Egipto
2. Los israelitas se llevaron los huesos de José con ellos
3. Dios guio a los israelitas por el desierto con una columna de nube durante el día y una columna de fuego por la noche
4. El ejército egipcio persiguió a los israelitas
5. Los israelitas acamparon junto al mar Rojo
6. Moisés extendió su vara sobre el mar y Dios dividió las aguas
7. Los israelitas cruzaron el mar Rojo para escapar de los egipcios
8. Yah hizo que las aguas regresaran y ahogaran a los egipcios
9. El ejército egipcio se ahogó en el mar
10. Los israelitas celebraron y alabaron a Dios por salvarlos

Acertijo de la Biblia: ¡Dios provee!

1. Dios: 4-9-15-19
2. les: 12-5-19
3. dio: 4-9-15
4. maná: 13-1-14-1
5. y: 25
6. codornices: 3-15-4-15-18-14-9-3-5-19
7. para: 16-1-18-1
8. comer: 3-15-13-5-18

Actividad de secuenciación de la historia: Milagros en Refidim

1. Los israelitas salieron del desierto y acamparon en Refidim, donde no había agua
2. El pueblo discutió con Moisés, exigiendo agua y cuestionando por qué los sacó de la tierra de Egipto
3. Moisés pidió ayuda a Dios, por temor a que el pueblo lo apedreara
4. Dios le dijo a Moisés que fuera adelante con algunos de los ancianos de Israel y tomara la vara que usó en el río Nilo
5. En Horeb, Dios le dijo a Moisés que golpeara una roca y salió agua para que el pueblo bebiera
6. Moisés nombró el lugar Masah y Meriba porque el pueblo puso a prueba a Dios, preguntando: "¿Está, pues, Dios entre nosotros, o no?"
7. Entonces los amalecitas atacaron a Israel en Refidim.
8. Moisés le dijo a Josué que reuniera hombres para luchar, mientras él iba a la cima de una colina con la vara de Dios
9. Cuando Moisés levantaba las manos, Israel ganaba; cuando las bajaba, Amalec ganaba, así que Aarón y Hur le mantuvieron las manos firmes
10. Con las manos de Moisés en alto, los hombres de Josué derrotaron a Amalec y Moisés construyó un altar, llamándolo "Yahweh es mi estandarte", para recordar la ayuda de Dios

Hoja de trabajo: El sabio consejo de Jetro

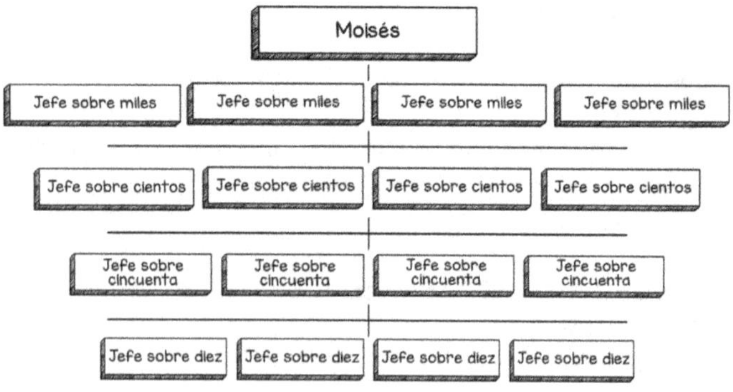

1. Moisés eligió líderes porque juzgar a los israelitas él solo era demasiado difícil. Elegir líderes le ayudó a compartir el trabajo
2. Moisés eligió hombres confiables y honestos que temían a Yah

Sopa de letras de la Biblia: Los diez mandamientos

Hoja de trabajo para colorear: El campamento de Israel

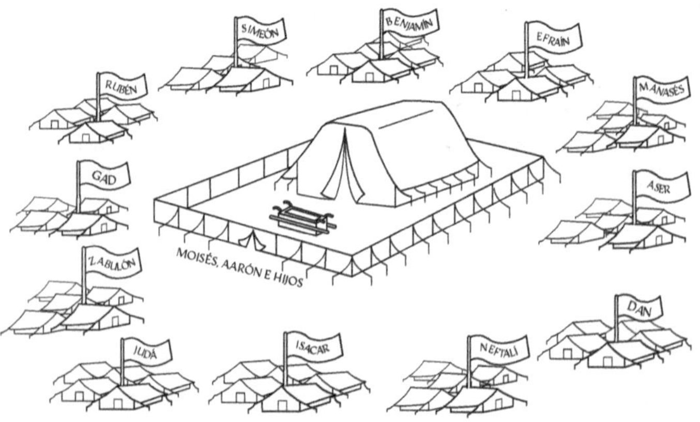

Hoja de trabajo: Ordena las doce tribus

Gad, Rubén, Simeón, Benjamín, Isacar, Efraín, Judá, Dan, Neftalí, Aser, Zabulón, Manasés

Crucigrama de la Biblia: El becerro de oro

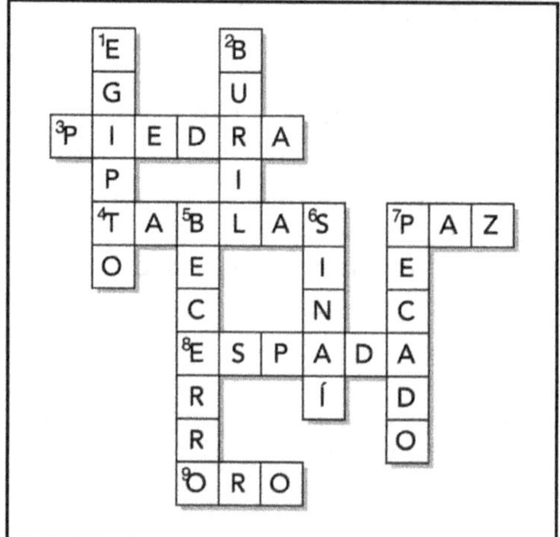

Hoja de trabajo: Esperando a Moisés

1. Los mandamientos de Dios, escritos por su propia mano, fueron grabados en las tablas
2. Aarón permitió que los israelitas se desataran
3. Dios le prometió a Abraham que haría a su descendencia tan numerosa como las estrellas, que les daría la tierra de Canaán y que bendeciría a todas las naciones por medio de él (Génesis 12:2-3, 15:5-7)

Sopa de letras de la Biblia: El Sabbat

Hoja de trabajo: ¡Empareja las fiestas!

1. **El día de Sabbat:** Yah designa este tiempo semanal para descansar y adorar
2. **La cena de Pascua y los Panes sin Levadura (Nisan 14-20):** Yah libera a los israelitas de Egipto y comen matzá durante siete días. Esta fiesta incluye dos Altos Sabbats: uno el día 1 y otro el día 7

3. **Pentecostés (Sivan 6-7):** Los israelitas dan gracias por la cosecha 50 días después de la ofrenda mecida
4. **Trompetas (Tishri 1):** Los israelitas tocan el shofar para conmemorar el arrepentimiento, la preparación y el reinado de Yah
5. **Expiación (Tishri 10):** Los israelitas ayunan (aflicción) y se arrepienten
6. **Tabernáculos (Tishri 15-21):** ¡Una celebración de bodas! Los israelitas viven en refugios temporales para recordar su travesía por el desierto
7. **Shemini Atzeret (Tishri 22):** Representa el reinado de los mil años en la tierra

Cuestionario de la Biblia: Los Tiempos Designados de la Biblia

1. La Biblia dice que hay que descansar y no trabajar en Sabbat
2. Durante la Fiesta de los Panes sin Levadura, los israelitas comen matzá, un pan plano hecho sin levadura
3. La cena de Pascua se lleva a cabo al comienzo de la Fiesta de los Panes sin Levadura
4. Durante la primera Pascua, los israelitas comieron cordero asado, hierbas amargas y pan sin levadura
5. En Shavuot (Pentecostés), los apóstoles fueron llenos del Espíritu Santo
6. Las tres fiestas bíblicas de peregrinación son la Pascua, Shavuot y Sukkot
7. En Hechos 27:9, Pablo mencionó el Tiempo Designado de Yom Kippur, también llamado el Día de la Expiación
8. Se toca un shofar en Yom Teru'ah, también llamada la Fiesta de las Trompetas
9. Salomón dedicó el templo durante la Fiesta de los Tabernáculos (Sukkot)
10. Durante Sukkot, se instruyó a los israelitas a vivir en refugios temporales

Acertijo de la Biblia: ¿Cuándo comienza Sukkot?

1. El: 5-12
2. día: 4-9-1
3. quince: 17-21-9-14-3-5
4. del: 4-5-12
5. séptimo: 19-5-16-20-9-13-15
6. mes: 13-5-19

Cuestionario de la Biblia: Construyendo el tabernáculo

1. Aarón, el hermano de Moisés, fue el primer sumo sacerdote de Israel
2. El tabernáculo fue construido como un lugar sagrado para la adoración y donde la presencia de Dios pudiera morar entre los israelitas
3. El propiciatorio estaba ubicado encima del arca de la alianza, en el Lugar Santísimo dentro del tabernáculo
4. El propiciatorio estaba hecho de oro puro y servía como cubierta para el arca de la alianza
5. Los sacerdotes fueron elegidos de la tribu de Leví
6. Bezalel y Aholiab fueron los dos hombres elegidos por para dirigir la construcción del tabernáculo
7. Las instrucciones para construir el tabernáculo se encuentran en el libro de Éxodo, particularmente en los capítulos 25-27 y 30-40
8. Se usaba aceite de oliva puro para mantener encendidas las lámparas de la menorá de oro en el tabernáculo
9. El altar de bronce se usaba para ofrecer sacrificios a Dios, incluyendo holocaustos, como una forma de adorar y buscar el perdón de los pecados
10. El arca de la alianza fue hecha de madera de acacia y recubierto de oro

Hoja de trabajo: El tabernáculo

1. Para que Dios habitara entre Su pueblo
2. Bezalel y Aholiab
3. Se usaba aceite de oliva puro para encender las lámparas y mantenerlas encendida
4. Los israelitas usaban el altar de bronce para quemar ofrendas y sacrificios
5. El propiciatorio estaba encima del arca de la alianza

Hoja de trabajo: Empareja los líderes tribales

1. Judá – Naasón (ofrendas del día 1)
2. Isacar – Natanael (ofrendas del día 2)
3. Zabulón – Eliab (ofrendas del día 3)
4. Rubén – Elisur (ofrendas del día 4)
5. Simeón – Selumiel (ofrendas del día 5)
6. Gad – Eliasaf (ofrendas del día 6)
7. Efraín – Elisama (ofrendas del día 7)
8. Manasés – Gamaliel (ofrendas del día 8)
9. Benjamín – Abidán (ofrendas del día 9)
10. Dan – Ahiezer (ofrendas del día 10)
11. Aser – Pagiel (ofrendas del día 11)
12. Neftalí – Ahira (ofrendas del día 12)

Hoja de trabajo: Lugar Santísimo

1. "A los diez días de este mes séptimo será el día de expiación; tendréis santa convocación, y afligiréis vuestras almas, y ofreceréis ofrenda encendida a Yah. Ningún trabajo haréis en este día; porque es día de expiación, para reconciliaros delante de Yah vuestro Dios. Porque toda persona que no se afligiere en este mismo día, será cortada de su pueblo. Y cualquiera persona que hiciere trabajo alguno en este día, Yo destruiré a la tal persona de entre su pueblo. Ningún trabajo haréis; estatuto perpetuo es por vuestras generaciones en dondequiera que habitéis. Día de Sabbat será a vosotros, y afligiréis vuestras almas, comenzando a los nueve días del mes en la tarde; de tarde a tarde guardaréis vuestro Sabbat"

2. Éxodo 25:17: "Y harás un propiciatorio de oro fino, cuya longitud será de dos codos y medio, y su anchura de codo y medio". Éxodo 25:21: "Y pondrás el propiciatorio encima del arca, y en el arca pondrás el testimonio que yo te daré"

Hoja de trabajo: El arca de la alianza
Medidas del propiciatorio:
2 ½ codos de largo
1 ½ codos de ancho

Medidas del arca:
2 ½ codos de largo 1 ½ codos de ancho 1 ½ codos de alto

El arca y sus varas estaban hechas de oro puro
El arca y sus varas estaban recubiertas con oro puro
Los anillos, el propiciatorio y los querubines estaban hechos de oro puro
Había dos querubines, cuatro anillos y dos varas
El testimonio (los diez mandamientos) se guardaba dentro del arca

Palabras desordenadas de la Biblia: Aarón
Pectoral, efod, manto, túnica ajustada, turbante, faja, lino, piedras de ónice

Hoja de trabajo: El pectoral del sumo sacerdote
1. El pectoral del sumo sacerdote estaba hecho de oro, hilo azul, hilo púrpura, hilo escarlata y lino fino torcido
2. Las cadenas del pectoral estaban hechas de oro puro
3. El pectoral tenía forma cuadrada
4. Los nombres de las doce tribus de Israel estaban grabados en las piedras del pectoral

Hoja de trabajo: Azul de Prusia
1. Azul de Prusia: un color azul intenso elaborado con ceniza, sangre y cianuro de semillas de almendra
2. Pida a los estudiantes que respondan esta pregunta. Las respuestas pueden variar
3. Dentro del arca de la alianza estaban la vara de almendro, las tablas de piedra y el maná

Hoja de trabajo: Espías en Canaán
1. No podemos luchar contra ellos. Son más fuertes que nosotros. – Diez espías MIEDO
2. Elijamos un líder y regresemos a Egipto. – Israelitas MIEDO
3. Nos sentíamos como saltamontes junto a ellos. – Diez espías MIEDO
4. La tierra que exploramos es buena. ¡Podemos lograrlo! – Josué y Caleb FE
5. Si Yah se complace en nosotros, nos dará la tierra. – Josué y Caleb FE
6. No teman a la gente de esa tierra. – Josué y Caleb FE

Hoja de trabajo: Gigantes en la tierra
1. Los nefilim fueron descritos como un pueblo grande y poderoso. En Génesis 6, se los menciona como un grupo de individuos poderosos que vivieron antes del diluvio
2. El informe de los espías atemorizó a los israelitas y les hizo dudar de la promesa de Yah. Esto retrasó su entrada a la tierra de Canaán
3. Caleb y Josué dijeron que la tierra de Canaán era buena y animaron a los israelitas a confiar en Dios porque Él los ayudaría

Crucigrama de la Biblia: Coré se rebela

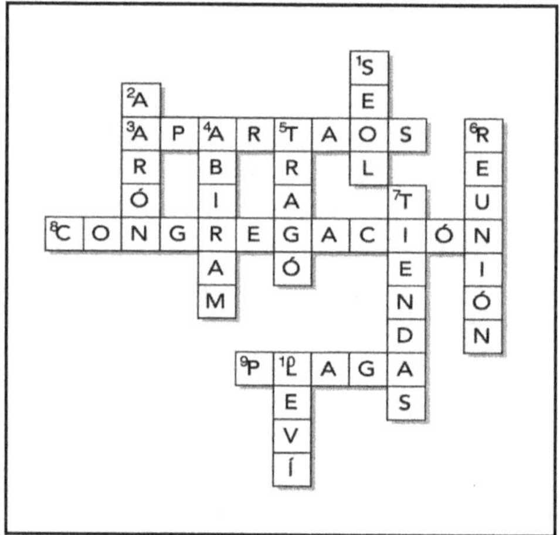

Cuestionario de la Biblia: La vara de Aarón florece
1. "Habla al pueblo de Israel y obtén de ellos varas, una por cada casa paterna".
2. El nombre de cada jefe debía estar escrito en su vara
3. El nombre de Aarón fue escrito en la vara por la tribu de Leví
4. Doce varas fueron llevadas al tabernáculo
5. La vara de Aarón brotó, floreció y produjo almendras maduras
6. El brote de la vara de Aarón demostró que Dios lo había elegido a él y a su familia para dirigir a los sacerdotes
7. La vara de Aarón floreció dentro del tabernáculo, delante del arca de la alianza
8. Dios le dijo a Moisés que colocara la vara de Aarón delante del arca de la alianza
9. La vara de Aarón fue colocada delante del arca de la alianza como un recordatorio de la autoridad de Yah y una advertencia contra la rebelión
10. Pida a los estudiantes que respondan esta pregunta. Las respuestas pueden variar

Hoja de trabajo: ¿Quién fue Balaam?
1. Pida a los estudiantes que respondan esta pregunta. Las respuestas pueden variar

2. El rey Balac le pidió a Balaam que maldijera a los israelitas
3. El ángel de Dios le dijo a Balaam: "Ve con esos hombres; pero la palabra que yo te diga, esa hablarás" (Números 22:35)
4. Balaam bendijo a Israel tres veces: Números 23:7-10, 23:18-24 y 24:3-9
5. Balaam les dijo a los moabitas que enviaran mujeres de Moab a los israelitas

Hoja de trabajo: Infidelidad espiritual

1. Los israelitas cometieron infidelidad espiritual al adorar a otros dioses y seguir la adoración y las tradiciones falsas de otras naciones
2. Los creyentes de hoy pueden cometer infidelidad espiritual al elegir seguir tradiciones religiosas creadas por el hombre, en lugar de los caminos de Yah. Por ejemplo, ¿has pensado alguna vez que Yah podría ver la celebración de la Navidad como una forma de adulterio espiritual? El árbol de Navidad y sus adornos provienen de tradiciones paganas que se usaban para adorar a dioses falsos. Yah incluso advirtió sobre esto en Jeremías: "Porque las costumbres de los pueblos son vanidad; porque leño del bosque cortaron, obra de manos de artífice con buril. Con plata y oro lo adornan; con clavos y martillo lo afirman para que no se mueva" (Jeremías 10:3-4)

Hoja de trabajo: Rahab esconde a los espías

Antes que ellos se durmiesen, Rahab subió al terrado, y les dijo: "Sé que Dios os ha dado esta tierra; porque el temor de vosotros ha caído sobre nosotros, y todos los moradores del país ya han desmayado por causa de vosotros. Porque hemos oído que Dios hizo secar las aguas del Mar Rojo delante de vosotros cuando salisteis de Egipto, y lo que habéis hecho a los dos reyes de los amorreos que estaban al otro lado del Jordán, a Sehón y a Og, a los cuales habéis destruido. Oyendo esto, ha desmayado nuestro corazón; ni ha quedado más aliento en hombre alguno por causa de vosotros, porque Elohim vuestro Dios es Dios arriba en los cielos y abajo en la tierra. Os ruego pues, ahora, que me juréis por el Señor, que como he hecho misericordia con vosotros, así la haréis vosotros con la casa de mi padre, de lo cual me daréis una señal segura; y que salvaréis la vida a mi padre y a mi madre, a mis hermanos y hermanas, y a todo lo que es suyo; y que libraréis nuestras vidas de la muerte". Ellos le respondieron: "Nuestra vida responderá por la vuestra, si no denunciareis este asunto nuestro; y cuando Dios nos haya dado la tierra, nosotros haremos contigo misericordia y verdad". Entonces ella los hizo descender con una cuerda por la ventana.

Hoja de trabajo: El río Jordán

a) Longitud: 223 millas (360 kilómetros)
b) Comienza en: Laderas del monte Hermón, en la frontera del Líbano y Siria
c) Dirección en la que fluye: Sur (a través del norte de Israel hasta el mar Muerto)
d) Dónde desemboca: Mar Muerto
e) Importancia del valle del río Jordán para el antiguo Israel: Agricultura (cultivo de palma y dátiles) y minería de mineral de hierro
f) Dos famosas historias bíblicas: Josué y la conquista de Canaán (Josué 1-4), Juan el Bautista bautizó a Yeshua (Jesús) en el Jordán (Mateo 3)

Acertijo de la Biblia: Israel cruza el Jordán

1. El: 5-12
2. agua: 1-7-21-1
3. dejó: 4-5-10-15
4. de: 4-5
5. fluir: 6-12-21-9-18
6. y: 25
7. el: 5-12
8. río: 18-9-15
9. se: 19-5
10. dividió: 4-9-22-9-4-9-15

Hoja de trabajo: Instrucciones para la batalla

1. El comandante le ordenó a Josué que los guerreros israelitas marcharan alrededor de Jericó una vez al día durante seis días, con siete sacerdotes portando shofares delante del arca. El séptimo día, debían marchar alrededor de la ciudad siete veces, tocar los shofares y, tras un gran grito de los israelitas, las murallas se derrumbarían
2. Pida a los estudiantes que respondan a esta pregunta. Las respuestas pueden variar

Hoja de trabajo: El plan de batalla de Dios para Jericó

Día 1: Los soldados israelitas lideran, los sacerdotes tocan los shofares y el arca de la alianza los sigue con la retaguardia detrás. Marcha alrededor de la ciudad de Jericó una vez en silencio, luego regresa al campamento

Día 2: Igual que el día 1: marcha una vez alrededor de la ciudad en silencio, luego regresa al campamento

Día 3: Sigue el mismo orden que antes. Marcha una vez alrededor de la ciudad en silencio, luego regresa al campamento

Día 4: Sigue el mismo orden que antes. Marcha una vez alrededor de la ciudad en silencio, luego regresa al campamento

Día 5: Sigue el mismo orden que antes. Marcha una vez alrededor de la ciudad en silencio, luego regresa al campamento

Día 6: Sigue el mismo orden que antes. Marcha una vez alrededor de la ciudad en silencio, luego regresa al campamento

Día 7: Sigue el mismo orden que antes, pero marcha alrededor de la ciudad siete veces. Después de la última vez, los sacerdotes tocan un largo toque en los shofares, la gente grita y la muralla de la ciudad se derrumba

Actividad de secuenciación de la historia: La batalla de Jericó

1. Dios le dijo a Josué: "Te he entregado Jericó con su rey y sus valientes guerreros"
2. Josué les dijo a los sacerdotes: "Lleven el arca de la alianza. Siete sacerdotes deben llevar shofares y marchar delante de ella"
3. Josué le dijo al pueblo: "Marchen alrededor de la ciudad y que los soldados armados caminen delante del arca de la alianza"
4. Al segundo día, marcharon alrededor de la ciudad una vez y regresaron a su campamento. Hicieron esto durante seis días
5. Al séptimo día, se despertaron al amanecer y marcharon alrededor de la ciudad siete veces
6. Cuando el pueblo oyó el sonido del shofar (trompeta), gritaron fuerte y el muro se derrumbó
7. Los hombres rescataron a Rahab y a su familia
8. Destruyeron todo lo que vivía en Jericó: la gente, el ganado, las ovejas y los burros
9. Pusieron todos los objetos de plata, oro, bronce y hierro en el tesoro de la casa de Dios
10. En ese momento, Josué les hizo hacer un juramento

Hoja de trabajo: La batalla de Hai

1. Un hombre llamado Acán tomó algunos de los objetos consagrados de Jericó que debían entregarse a Yah
2. Los israelitas perdieron la primera batalla contra Hai porque pecaron contra Yah. Acán había tomado en secreto objetos de Jericó que estaban reservados para Yah, quebrantando su mandato. Yah retiró Su protección y el ejército israelita fue derrotado
3. Josué preparó una emboscada detrás de la ciudad, atrayendo a los hombres de Hai a la batalla para que los soldados israelitas ocultos pudieran capturarla y quemarla
4. Yah le dijo a Josué que no tuviera miedo, que tomara a todos los guerreros y preparara una emboscada detrás de la ciudad
5. Los israelitas destruyeron la ciudad de Hai, mataron a su rey, capturaron a su pueblo y la quemaron por completo

Hoja de trabajo: Josué lee el pacto

1. Pida a los estudiantes que respondan esta pregunta. Las respuestas pueden variar
2. Josué escribió en las piedras una copia de la Ley de Moisés
3. Bendiciones y maldiciones (Deuteronomio 28):
   Cinco bendiciones:
   1. Serás bendecido en la ciudad y en el campo
   2. Tus hijos, tus cosechas y tu ganado serán bendecidos
   3. Tus canastas y tus artesas de amasar estarán llenas
   4. Yah te protegerá de tus enemigos
   5. Yah bendecirá tu trabajo y te dará abundancia

   Cinco maldiciones:
   1. Serás maldecido en la ciudad y en el campo
   2. Tus hijos, cosechas y ganado no prosperarán
   3. Tus canastas y artesas de amasar estarán vacías
   4. Tus enemigos te derrotarán
   5. Enfrentarás enfermedades, hambre y problemas en la tierra

Hoja de trabajo: Los gabaonitas engañan a los israelitas

1. Los gabaonitas fingieron ser viajeros de un país lejano: VERDADERO
2. Antes de hacer un pacto con los gabaonitas, Josué pidió la guía de Yah: FALSO
3. Se les ordenó a los israelitas que mataran a los gabaonitas por su engaño: FALSO
4. Los gabaonitas trajeron pan fresco y ropa limpia para engañar a Josué: FALSO
5. Los líderes de Israel juraron dejar vivir a los gabaonitas: VERDADERO
6. Los gabaonitas se convirtieron en leñadores y aguadores para la congregación y el altar de Yah: VERDADERO

Sopa de letras de la Biblia: El sol se paró en medio del cielo

Cuestionario de la Biblia: Ciudades de refugio

1. Los israelitas acamparon junto al río Jordán en las llanuras de Moab, cerca de Jericó
2. Dios ordenó a los israelitas que dieran ciudades a los levitas
3. Los levitas usaban las ciudades para vivir y los pastos para sus animales
4. Los israelitas debían dar 48 ciudades a los levitas
5. Las seis ciudades especiales se llamaban ciudades de refugio

6. Las ciudades de refugio eran importantes porque eran lugares seguros para las personas que mataban accidentalmente a alguien
7. Cualquiera que matara accidentalmente a otra persona sin intención podía huir a una ciudad de refugio
8. Alguien podía quedarse en una ciudad de refugio hasta que muriera el sumo sacerdote
9. El asesinato era daño intencional hecho con odio o con un arma, mientras que el homicidio accidental ocurría sin intención de dañar
10. Dios les recordó a los israelitas que no profanaran la tierra porque Él habitaba entre ellos

Hoja de trabajo: Herencia tribal

Rubén: Rubén recibió tierras al este del Jordán, fuera de la tierra prometida. Esto incluía el monte Nebo (donde Moisés contempló la tierra prometida)

Gad: Gad recibió tierras al este del Jordán, fuera de la tierra prometida, a lo largo del río Jordán

Manasés: Manasés recibió dos grandes porciones de tierra; la mitad de la tribu recibió tierras al este del río Jordán. La otra mitad recibió tierras al oeste del río Jordán, en la zona alrededor del monte Gerizim, el monte Ebal y el valle de Siquem

Judá: Judá recibió una gran porción de tierra al sur de Benjamín y Dan. Incluía Jerusalén, Belén, Hebrón y Gaza

Efraín: Efraín recibió tierras en la región montañosa central, incluyendo Silo. Su territorio limitaba con Manasés, Dan y Benjamín

Benjamín: Benjamín recibió una pequeña porción de tierra, justo al norte de Jerusalén

Simeón: Simeón recibió las colinas semiáridas del desierto del Négueb, entre Beerseba y Cades-barnea

Zabulón: Zabulón recibió una pequeña porción de tierra en el sur de Galilea, entre Aser y Neftalí

Isacar: A Isacar se le dieron tierras en el valle de Jezreel, incluida Nazaret

Aser: A Aser se le dio tierra a lo largo de la región costera norte de Canaán

Neftalí: A Neftalí se le dio tierra en la región montañosa de Galilea que bordea el mar de Galilea, Zabulón, Isacar y Aser

Dan: Dan recibió una pequeña porción de tierra en las llanuras costeras de Filistea. La tribu no logró derrotar a los filisteos y se trasladó al norte de Canaán. Allí conquistaron la ciudad de Lesem (Lais), la rebautizaron como Dan y se establecieron allí

Leví: La tribu de Leví sirvió a la Casa de Israel como sacerdotes. Josué les dio 48 pueblos en toda la tierra prometida

6 ciudades de refugio: *Hebrón, Beser, Siquem, Cedes, Ramot de Galaad y Golán*

Actividad del mapa: La tierra prometida
1 = Simeón
2 = Judá
3 = Rubén
4 = Gad
5 = Dan
6 = Aser
7 = Isacar
8 = Zabulón
9 = Neftalí
10 = Manasés
11 = Efraín
12 = Benjamín

Hoja de trabajo: Tribu de Rubén
1. Rubén perdió su primogenitura porque deshonró a su padre al acostarse con la concubina de este
2. La tribu de Rubén vivía al este del río Jordán en una tierra apta para la cría de ganado
3. Cuando la tribu de Rubén construyó un altar en Josué 22, las demás tribus temieron que fuera para adorar a ídolos, pero Rubén explicó que era un testimonio de que todavía servían a Yahvé
4. Pida a los alumnos que respondan a esta pregunta. Las respuestas pueden variar

Hoja de trabajo: Tribu de Simeón
1. José mantuvo a Simeón en prisión para probar a sus hermanos y asegurarse de que llevaran a Benjamín a la tierra de Egipto
2. Jacob dijo que Simeón y Leví eran violentos y debían ser dispersados en Israel
3. La tribu de la tierra de Simeón estaba ubicada dentro del territorio de Judá
4. La tribu de Simeón ayudó al rey David uniéndose a su ejército en Hebrón para apoyarlo como rey

Hoja de trabajo: Tribu de Judá
1. Jacob dijo que Judá sería alabado por sus hermanos y lo comparó con un león, diciendo que un gobernante vendría de esta tribu

2. Las ciudades importantes en la tierra de Judá incluían Jerusalén, Belén y Hebrón
3. Judá guio a los israelitas siempre que viajaban por el desierto
4. Las personas famosas de la tribu de Judá incluyen al rey David, al rey Salomón y a Yeshua el Mesías

Hoja de trabajo: Tribu de Dan
1. Jacob dijo que Dan sería como una serpiente junto al camino, atacando los talones de un caballo
2. Cuando la tribu de Dan no pudo tomar su tierra, se trasladaron al norte y atacaron la ciudad de Lais
3. La persona más famosa de la tribu de Dan fue un israelita llamado Sansón
4. Después de mudarse al norte, la tribu de Dan erigió ídolos y se apartó de la adoración a Yah

Hoja de trabajo: Tribu de Neftalí
1. Jacob dijo que Neftalí era como una cierva liberada que da a luz hermosos cervatillos, mostrando gracia y fecundidad
2. La tierra de la tribu de Neftalí estaba ubicada cerca del mar de Galilea
3. El famoso líder de Neftalí que trabajó con Débora fue Barac
4. La tierra de Neftalí es importante en la vida de Yeshua porque vivió y enseñó en esta región, especialmente alrededor del mar de Galilea

Hoja de trabajo: Tribu de Gad
1. Jacob dijo que Gad sería atacado por asaltantes, pero que él lucharía y ganaría
2. La tribu de Gad eligió vivir al este del río Jordán, en la tierra de Galaad
3. Gad prometió ayudar a las otras tribus a luchar por la tierra prometida antes de regresar a casa
4. Un famoso profeta de la tierra de Galaad fue Elías, quien desafió a los profetas de Baal en el monte Carmelo

Hoja de trabajo: Tribu de Aser
1. Jacob dijo que la comida de Aser sería rica y que él proporcionaría delicias reales
2. La tierra de la tribu de Aser estaba ubicada en la parte norte de Israel, a lo largo del mar Mediterráneo
3. La tierra de Aser era rica y valiosa porque tenía suelo fértil, olivos y acceso a rutas comerciales
4. La profetisa de la tribu de Aser fue Ana, quien alabó a Yah y habló acerca de Yeshua cuando fue presentado en el templo

Hoja de trabajo: Tribu de Isacar
1. Jacob dijo que Isacar era como un burro fuerte acostado entre dos cargas
2. La tierra de la tribu de Isacar estaba ubicada en el valle de Jezreel

3. Isacar era conocido por su sabiduría y erudición porque sus líderes entendían los tiempos y sabían lo que los israelitas debían hacer
4. La tribu de Isacar ayudó a Débora enviando hombres a luchar en la batalla y apoyó a David con hombres sabios y leales que se unieron a su ejército

Hoja de trabajo: Tribu de Zabulón
1. Jacob dijo que Zabulón viviría junto al mar y se convertiría en un puerto para los barcos
2. La tribu de Zabulón vivía en el norte de Israel, entre el mar Mediterráneo y el mar de Galilea
3. La tribu de Zabulón ayudó a David enviando guerreros experimentados para unirse a su ejército, todos completamente entrenados y leales para apoyarlo como rey de Israel
4. La tierra de Zabulón era parte de la región donde Yeshua vivió y enseñó, cumpliendo la profecía sobre una gran luz que brillaba en Galilea (Isaías 9:1; Mateo 4:13-16)

Hoja de trabajo: Tribu de Benjamín
1. Jacob dijo que Benjamín era un lobo voraz, que devoraba a su presa por la mañana y repartía el botín por la tarde
2. Las ciudades en la tierra de Benjamín incluían Jerusalén, Jericó, Guibeá y Betel
3. Tres personajes famosos de la tribu de Benjamín fueron el rey Saúl, Mardoqueo y el apóstol Pablo
4. Pida a los estudiantes que respondan esta pregunta. Las respuestas pueden variar

Hoja de trabajo: Tribu de Efraín
1. Jacob bendijo a Efraín más que a su hermano mayor Manasés porque dijo que Efraín llegaría a ser más grande y sus descendientes se convertirían en un grupo de naciones
2. Las ciudades importantes en el territorio de Efraín incluían Silo, Betel y Siquem
3. Dos israelitas famosos de la tribu de Efraín fueron Josué y Jeroboam
4. La tribu de Efraín influyó en la historia de la Casa de Israel al convertirse en una tribu líder en el reino del norte, que a menudo representaba a las diez tribus del norte

Hoja de trabajo: Tribu de Manasés
1. La tierra de Manasés se dividió en dos partes porque la mitad de la tribu eligió establecerse al este del río Jordán, mientras que la otra mitad recibió tierras al oeste del Jordán
2. Algunos de la tribu de Manasés eligieron vivir al este del río Jordán porque la tierra era rica y fértil, y perfecta para la cría de ganado
3. Un juez famoso de la tribu de Manasés fue Gedeón

4. Durante el reinado del rey Ezequías, algunos hombres de la tribu de Manasés llegaron a Jerusalén para honrar la Fiesta de los Panes sin Levadura

Hoja de trabajo: Tribu de Leví

1. Yah apartó a la tribu de Leví para servirle, por lo que se les dieron pueblos entre las otras tribus
2. Los personajes famosos de la tribu de Leví fueron Moisés, Aarón y Esdras
3. Los levitas trabajaban en el tabernáculo cuidando los objetos sagrados, ayudando a los sacerdotes y dirigiendo el culto y los sacrificios
4. Las seis ciudades de refugio fueron Cedes, Siquem, Hebrón, Beser, Ramot y Golán